ÉTUDE GÉNÉALOGIQUE

SUR LES

BOURDALOUE

PAR

J.-B.-ÉMILE TAUSSERAT

MEMBRE DE PLUSIEURS SOCIÉTÉS SAVANTES

AVEC DIVERS APPENDICES

PAR

HENRI CHÉROT, S. J.

PARIS

VICTOR RETAUX, LIBRAIRE-ÉDITEUR

82, RUE BONAPARTE, 82
1900
Tous droits de reproduction et de traduction réservés

LES BOURDALOUE

PARIS

IMPRIMERIE DE D. DUMOULIN

5, RUE DES GRANDS-AUGUSTINS, 5

ÉTUDE GÉNÉALOGIQUE

SUR LES

BOURDALOUE

PAR

J.-B.-ÉMILE TAUSSERAT

MEMBRE DE PLUSIEURS SOCIÉTÉS SAVANTES

AVEC DIVERS APPENDICES

PAR

HENRI CHÉROT, S. J.

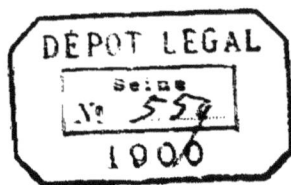

PARIS

VICTOR RETAUX, LIBRAIRE-ÉDITEUR

82, RUE BONAPARTE, 82

1900

ABRÉVIATIONS

1° FONDS DIVERS ET HISTORIENS

Archives du Cher	A.
Abbaye de Saint-Pierre de Vierzon, 93 liasses aux archives du Cher	Ab.
Beuvrière (Archives de la), fief relevant de Vierzon et situé à Saint-Hilaire	Beu.
Boismarmin (M. Georges de), notes communiquées	Bois.
Boyer (M. Hippolyte), archiviste du Cher, aujourd'hui décédé.	Boyer.
Comptes communaux de Vierzon, avec la pagination de nos dépouillements..	C. C.
Chroniques de Lury, par l'auteur, 1878. In-4, 300 pages. .	C. L.
Grossous (Arch. de), moulin et franc alleu noble à Vierzon. .	Gros.
Mémoires manuscrits sur Vierzon, 1747, par Bechereau. . .	M. S. B.
Mémoires manuscrits de M. Gassot.	M. S. G.
Mémoires manuscrits sur la famille Bourdaloue, par Robert Hodeau..	M. S. H.
Notes de M. Riffé, conseiller de préfecture.	Riffé.
M. de Raynal. — Histoire du Berry. 4 volumes in-8°. Bourges, 1845	R. B.
Vierzon et ses environs, par l'auteur, 1897. In-8, 521 pages . .	V. E.
Verdeaux (Arch. de), fief à Brinay..	Ver.

2° NOTAIRES DE VIERZON CITÉS DANS LE TEXTE

Adam Jean, seizième siècle (minutes actuellement détruites).			Ad.
Bailly François et Martin.	1596	à 1655.	B.
Berthault Jean..	1596	1597.	Berth.
Bonnet Louis.	1663	1668.	Bon.
Garsonnet Quentin	1596	1630.	Gar.
Garsonnet Jean.	1630	1660.	
Pestureau Gervais	1679	1694.	Pes.
Petit Antoine	1537	1594.	P.
Richer Étienne.	1582	1623.	R.
Richer Claude	1623	1643.	

Rousseau Claude.	1584	1621. } Rou.
Rousseau Jean	1686	1691. }
Simon Isaac et Saint.	1692	1739. Si.
Ruellé Charles	1701	1737. } Ru.
Ruellé François.	1738	1773. }
Tribard Paul.	1616	1651. }
Tribard Étienne	1652	1679. } T.
Tribard Jean-Baptiste.	1680	1695. }

PRÉFACE

Le prédicateur Louis Bourdaloue (1632-1704) est l'axe de ce mémoire généalogique sur les Bourdaloue; c'est lui qui a rendu leur nom immortel, c'est à cause de lui que l'on tient à savoir ce qu'était cette famille, où elle a pris naissance, ce qu'elle est devenue.

Invité par le savant auteur de *Bourdaloue inconnu* à rédiger, comme préface d'une série d'études en préparation, cette partie de l'œuvre, nous ferons notre possible, en qualité de Vierzonnais, pour répondre de notre mieux à son dessein; mais, en matière généalogique, on n'est jamais sûr d'être complet, on ne l'est jamais.

Une nature aussi exceptionnellement douée que celle de l'éloquent jésuite laisse supposer, si l'atavisme n'est pas un vain mot, que, par la transmission d'un sang généreux, le grand Bourdaloue reçut de ses ancêtres le legs magnifique d'une intelligence hors ligne et d'un talent incomparable; les facultés intellectuelles, pensons-nous, se transmettent, de génération en génération, comme les traits du visage, comme la constitution physique; notre étude en fournira une nouvelle preuve.

Plusieurs villes, Bourges, Mehun, Issoudun, se disputent l'honneur d'avoir été le berceau des Bourdaloue; jusqu'à preuve contraire, nous revendiquons énergiquement cet honneur pour Vierzon et ses environs[1].

Dès l'année 1429, alors que l'on concentrait dans les villes

---

1. On trouve des Bourdaloue à Nançay, canton de Vierzon, au quatorzième siècle, et il existe dans cette paroisse le village des Bourdaloue.

voisines d'Orléans les approvisionnements nécessaires au ravi-
taillement de cette grande cité assiégée par les Anglais, nous
trouvons un *Bordaloe* au nombre des Vierzonnais réquisi-
tionnés (v. e. 178) et, moins de trente ans après, ainsi que
nous le dirons bientôt, les aïeux du prédicateur habitaient, à
Vierzon, une maison qui existe encore en partie et dont la
date de fondation est approximativement indiquée par les
lourds encorbellements, par les embrasures carrées à mou-
lures classiques qui ont pu résister aux ravages du temps; de
plus, la maison Bourdaloue relevait noblement de la grosse
tour des fiefs, et ses possesseurs devaient, suivant les usages
féodaux, se présenter à chaque mutation devant le chastel,
rendre hommage au seigneur du lieu, ou baiser à genoux,
nu-tête et sans éperons, le *verrouil* de la principale porte
d'entrée.

Cette demeure avait ses vues, au levant, sur l'église de
Notre-Dame, que la générosité des d'Étampes venait d'enri-
chir d'un porche encore orné de leur écusson, et, au midi,
sur le presbytère dont l'emplacement n'a pas varié depuis
le douzième siècle (v. e. 464).

Le sanctuaire en face, le représentant de Dieu à côté, n'y
a-t-il pas là, dans cette position caractéristique de la maison
Bourdaloue, dans sa classification comme fief, une prédispo-
sition aux idées religieuses et chevaleresques, un fait matériel
à souligner? Ces mélodies de l'orgue[1], ces chants sacrés
entendus du logis paternel même, ce prêtre au costume sévère,
dont le long voisinage a fait un ami, cette grosse tour féodale
en arrière-plan et surplombant l'église, autant d'impressions
fixées, de génération en génération, comme par un procédé

---

1. L'orgue de Notre-Dame de Vierzon proviendrait, si l'on en croit la tradition, de la magnifique chapelle du château royal de Mehun-sur-Yèvre, château dont plusieurs parties étaient déjà en ruines lorsque le représentant du
peuple Laplanche en ordonna la destruction, dans la séance tenue à Bourges
le 5 octobre 1793 (v. e. 162).

photographique, dans le cœur, dans l'âme des ancêtres du prédicateur; si bien fixées, que nous trouvons, dès le seizième siècle, des vocations religieuses parmi les membres de la famille[1].

Pour les facultés intellectuelles, pour les sentiments religieux et chevaleresques, si nous suivons les grandes lignes de la généalogie, peut-être serons-nous plus précis encore.

Macé Bourdaloue vivait au quinzième siècle; c'était un tanneur d'une fortune convenable, puisque nous le trouvons, vers 1450, inscrit aux rôles des tailles parmi les plus imposés; en outre, il possédait en fief la maison du *carrouer* Notre-Dame, dont nous venons de parler; Marie Tripet, femme de son fils Pierre (M. S. H.), était sœur ou proche parente de ce *Joannes Tripet de Viẕione*, cité par Catherinot[2] comme étant, à la date de 1466, l'un des premiers écoliers reçus en l'université de Bourges et signalé, en 1483, avec le grade de licencié ès lois.

Guillaume Bourdaloue, fils de Pierre (M. S. H.), seigneur, par sa femme, d'une partie de la motte Saint-Hilaire, *une belle motte avec droits seigneuriaux* (Beu.), figure, en 1508, comme notable et, en 1541, comme élu de la ville; il se fait remarquer par son esprit d'entreprise et on le voit, en 1540, gagner, en une seule fois, sur la paisson et glandée de la forêt de Vierzon, dont il est fermier, jusqu'à cinq cents écus, somme considérable alors.

Nous retrouvons ses trois enfants dans des positions assez obscures: l'un, *Claude*, est marchand bourgeois; c'est l'aîné, le mieux posé, l'ancêtre du prédicateur; le second, *Loys,* a l'emploi de sergent royal et de concierge des prisons de la

---

1. La maison Bourdaloue, du *carrouer* Notre-Dame, était encore, en 1610, dans cette famille. — *Carrouer*, quinzième siècle, *carroir*, dix-neuvième siècle, terme berrichon qui signifie carrefour.

2. Catherinot, né en 1628, auteur de nombreux opuscules concernant le Berry.

ville; le troisième, *Claude le jeune*, exerce la profession manuelle de teinturier.

Il n'y a jusque-là, on le voit, rien de bien brillant; mais dans les veines de ces modestes marchands coule un sang généreux, que la moindre étincelle devra fertiliser et mettre en valeur.

L'étincelle partit de haut, presque des marches du trône.

Le Berry venait d'être donné à Catherine de Lorraine, duchesse de Montpensier, qui trouvait dans cette magnifique dotation, en apanage direct (c'est-à-dire avec tous les droits et privilèges dont jouissaient les seigneurs particuliers avant l'annexion au domaine royal), Bourges, Mehun et Vierzon. En 1580, le Balafré reçut de sa sœur, on ne sait à quel titre, notre châtellenie qu'il lui rétrocéda quelque temps après *pour lui tenir lieu de supplément de partage des biens de François de Lorraine, leur père* (v. E. 370).

Ces transmissions successives avaient amené fréquemment les Guise à Vierzon. Comment ces grands seigneurs remarquèrent-ils les heureuses dispositions des enfants de notre marchand bourgeois? On l'ignore, mais il est permis de supposer que Claude Bourdaloue l'aîné, suivant l'exemple de son père, prit souvent à ferme des parties importantes du domaine de Vierzon[1] et que nos seigneurs engagistes, entrés en relations avec lui, tant pour leurs affaires particulières que pour la gestion de l'Hôtel-Dieu dont il était administrateur (C. L. 163), remarquèrent ses enfants et s'empressèrent d'utiliser leurs aptitudes.

Au nombre des plus chauds partisans des ducs de Lorraine figurait le maréchal de la Châtre qui, pour suivre leur fortune, s'était détaché du service du roi, avait abandonné le gouvernement de la province et s'était mis à la tête de la

---

1. Étienne Bourdaloue, fils de Claude et petit-fils de Guillaume, était encore, en 1615, fermier de la paisson et glandée de la forêt de Vierzon.

Ligue en Berry (v. e. 338); l'un des fils de notre marchand bourgeois, *Étienne*, incorporé dans ses troupes, devint rapidement capitaine d'une compagnie d'arquebusiers à cheval[1] et fut surtout connu sous le nom de guerre de la Ramée (m. s. h.; — v. e. 5l5; — c. l. l63); un autre, *Michel*, servit sous les ordres de son frère avec le grade de lieutenant (m. s. h.); un autre encore, *Claude*, le bisaïeul du prédicateur, avocat au siège présidial de Bourges, échevin de cette ville, sut, grâce à son talent et à l'appui des Guise, se créer une position telle qu'il fut chargé de recevoir et de haranguer, aux portes de la ville, en 1596, Louise de Lorraine, reine douairière de France, duchesse de Berry, lors de son entrée solennelle dans la capitale de la province (v. e. 408); enfin, *Antoine,* destiné à l'état ecclésiastique, fut un des meilleurs et des plus fidèles serviteurs des ducs de Guise[2]; leur secrétaire d'abord, intendant de leurs affaires ensuite, prieur, seigneur temporel et spirituel de Reuilly[3], enfin, intendant d'amirauté des mers du Levant, en Provence, sous Charles de Lorraine[4], quatrième duc de Guise.

1. Estienne Bourdaloue, escuyer, seigneur de la Creusée, capitaine d'une compagnie de carabins, soubs Claude de la Chastre, bailly de Berry et depuis maréchal de France, suivant ses mouvements pour la religion et la gloire de ses anceptres dont il ne restait qu'une faible idée dans sa famille, s'attacha au party de la ligue soubs Mgr de Guise, où ayant donné des marques de sa valleur et conduite, se retira chez son père à Vierzon où il espouza Marie Rousseau, fille d'Estienne, seigneur des Ygonnières, conseiller du roi et procureur au siège royal de Vierzon (m. s. h.).

2. Antoine de Bourdaloue, escuyer, prieur de Reuilly, deuxième fils de Claude Bourdaloue, fut d'un esprit si solide et si pénétrant qu'il mérita d'estre secrétaire de Charles de Lorraine, duc de Guise, et ensuite intendant de toute sa maison, employ qui lui causa l'esloge d'être apellé par son maistre le meilleur et le plus fidel de ses serviteurs : il s'acquitta de ceste charge avec tant d'esclat qu'après la disgrâce de Mgr de Guise, il eut ordre de se retirer à Reuilly et depuis en sa maison de La Nouë, près Vierzon. Il fonda les religieuses du Saint-Sépulcre et les bastit entièrement (m. s. h.)

3. Reuilly, petite ville de Berry, formant un prieuré dépendant de l'abbaye de Saint-Denis, bénéfice qu'Antoine de Bourdaloue obtint probablement grâce à l'appui et à l'influence des Guise.

4. Cet emploi important est encore rappelé dans un acte reçu Tribard, le 27 juillet 1725. — Voir, à l'Appendice A, des pièces contemporaines.

Fortune remarquable pour des enfants d'aussi modeste extraction! mais qui allait grandir encore et enfin se terminer par l'éclosion du grand talent de Louis Bourdaloue.

Vierzon en profita largement; sur l'ordre d'Antoine de Bourdaloue, on vit s'élever, comme par enchantement, en 1619, au sommet d'une montagne qui domine la vallée du Cher, le château de *La Nouë*, résidence magnifique d'où la vue plonge sur la ville et dont le parc, orné d'arbres centenaires, descend en pentes douces vers la rivière et semble saluer la cité de son épais feuillage.

Puis, bientôt, grâce aux libéralités et à l'influence du fidèle serviteur des Guise, retiré, depuis la défaveur de son maître, dans le beau manoir qu'il vient d'élever, trente-cinq chanoinesses du Saint-Sépulcre quittent Charleville pour fonder à Vierzon, sur l'emplacement du fief de Sion, près des ruines de la grosse tour féodale, un vaste monastère destiné à l'éducation des jeunes filles et au sein duquel les professions ne tardent pas à se produire en grand nombre, surtout dans les rangs de la noblesse; signalons, en passant, celles de deux cousines germaines du prédicateur, Jeanne et Anne, filles de Marie Bourdaloue et de Robert Hodeau, auteur des manuscrits 1019 et 1020 déjà cités[1], et dont l'une d'elles, Jeanne Hodeau, mourut, dit-on, en odeur de sainteté[2].

Antoine de Bourdaloue avait mené à bonne fin cette œuvre importante avec le concours de son neveu Pierre, fils du capitaine la Ramée; tous deux voulurent être enterrés dans la chapelle du Saint-Sépulcre, l'une des dépendances du couvent, et y laisser, tout d'abord en dépôt, l'expression de leurs der-

---

1. Robert Hodeau, oncle du prédicateur, avait cinq enfants en religion, deux chanoinesses du Saint-Sépulcre, un bénédictin, un prêtre, prieur d'Ainay-le-Château et une bénédictine de Saint-Laurent-lès-Bourges.

2. Voir, sur cette dernière, l'*Histoire d'un monastère : les Bénédictines de Saint-Laurent de Bourges*, avec une introduction par Dom Rabory. Bourges, 1891. In-8, p. 471.

nières volontés, en confiant leur testament à la supérieure de la communauté[1].

Le repos éternel que l'un et l'autre espéraient trouver dans ce sanctuaire n'eut, hélas! qu'une durée éphémère; la chapelle qui avait été bénite, en 1644, par permission de l'archevêque de Bourges, fut vendue révolutionnairement en 1791, habitée depuis l'aliénation, comme tout le quartier du château d'ailleurs, par la population ouvrière, et enfin transformée en fabrique de poterie; c'est à ce moment que l'on mit à découvert les restes de ces deux hommes de bien dont les têtes, dit-on, servirent de boules pour un jeu de quilles d'un nouveau genre inventé par les ouvriers. Profanation indigne qu'on ne peut trop flétrir[2]!

Pierre de Bourdaloue avait été, comme son oncle et après lui, secrétaire de Charles de Guise; son frère aîné, Pierre, servit également le duc; il était lieutenant de son régiment des gardes *pendant la guerre faite, en Champagne, au duc de Nevers et autres princes armés contre la couronne* et avait obtenu ce beau grade en raison de sa longue et brillante

1. Il existe dans les archives de M. Brunet : 1° Un contrat, reçu Bailly, le 20 novembre 1641, portant don d'une maison acquise du sieur Fontaine et du lieu et fief de Sion, vulgairement appelé Chevilly, fait par messieurs de Bourdaloue aux religieuses du Saint-Sépulcre, pour fonder le couvent dudit ordre; 2° un autre contrat reçu du même, le 2 février 1657, constatant le don d'une somme de 2 000 livres faite auxdites religieuses par feu M. Antoine de Bourdaloue, vivant seigneur spirituel et temporel de la ville de Reuilly, ladite somme pour fonder la messe conventuelle dudit couvent; 3° un acte signé : Pierre, patriarche, archevêque de Bourges, portant permission de bénir une chapelle que le fondateur avait fait bâtir pour sa sépulture, ledit acte donné à Bourges, le 3 décembre 1644; 4° le testament de Pierre de Bourdaloue souscrit le 30 juin 1682, contenant la disposition suivante : *Lorsqu'il plaira à Dieu de m'appeler de cette vie, je veux estre enterré en nostre chapelle du Saint-Sépulcre de Vierzon avec défunt Mre Antoine de Bourdaloue, mon oncle et bon amy, l'ayant tous deux fondée à cet effet et la messe conventuelle, et Catherine Gassot nostre espouse.*

La branche de La Noüe seule ajouta la particule à son nom depuis Anthoine de Bourdaloue.

2. La Société des antiquaires du Centre à Bourges publiera prochainement une étude complète de M. Tausserat sur les hospitalières et les chanoinesses du Saint-Sépulcre établies à Vierzon.

carrière, *ayant continuellement porté les armes en divers sièges, batailles et rencontres tant sur terre que sur mer sous Charles de Lorraine et ses prédécesseurs;* il ne survécut que dix ans à son maître et mourut de ses blessures en 1650[1].

Tels furent les remarquables précurseurs du grand chrétien, de l'homme inflexible que le prince de Condé, en le voyant monter en chaire, honora d'un mot resté historique : *Silence, voici l'ennemi.*

Notre modeste marchand bourgeois laissait donc une lignée magnifique; quatre de ses fils avaient atteint de belles, de hautes positions, et le cinquième s'était allié à une d'Avesnes, vieille famille du pays de laquelle sortirent des hommes de guerre et un mestre de camp de cavalerie; quant à ses filles, trois d'entre elles entrèrent dans la bourgeoisie par leurs mariages avec les Damours, les Rousseau, les Richer; deux autres, Catherine la jeune et Catherine l'aînée, épousèrent l'une un potier d'étain, l'autre un procureur de Graçay, père de Marie Dupont, dont la main fut accordée, en 1619, à un cordonnier de Romorantin, Jean Johan (T.); si nous relevons cette particularité, c'est que certaines dispositions du contrat de mariage offrent un réel intérêt; tous les hauts personnages de la famille, mêlés aux plus humbles, assistent à la bénédiction nuptiale et se réunissent pour constituer à la future une petite dot de 300 livres; Claude Bourdaloue,

---

1. Extrait du registre de la Bibliothèque nationale cote F. F. R. 4834. F. 675, communiqué par M. le comte de Toulgoët à qui nous devons la découverte du brillant état de service de Pierre de Bourdaloue :

« Pierre de Bourdaloue, seigneur de Contrau (Contres), la Crouze (la « Creusée), de La Noüe et Serry (Héry) de nostre province de Berry, ont con- « tinuellement porté les armes pour nostre service et de nos prédécesseurs, « en divers sièges, batailles et rencontres, tant sur mer que sur terre, ayant « été recherché et fait lieutenant des gardes du duc de Guise pendant la guerre « faite en Champagne où ledit sieur estoit lieutenant général de l'armée contre « le feu Sr duc de Nevers et autres princes armés contre cette couronne. « Servit au siège de Retel, chasteau Porcien et Saint-Maixant, où il se signala « et reçut plusieurs blessures si bien qu'il finit ainsi sa vie.

« Donné à Paris, au mois de mai 1650. — De Guénégaud. »

avocat au siège présidial de Bourges, donne 100 livres *pour les bons et agréables services que sa nièce lui a rendus pendant qu'elle a demeuré en sa maison;* Antoine de Bourdaloue, secrétaire de Mgr de Guise, donne pareille somme; Nicolas Damours, avocat au Parlement, son oncle, à cause de Jeanne Bourdaloue, sa femme, 60 livres; Catherine Bourdaloue, veuve de Ursin Bonnemain, potier d'étain, sa tante, 30 livres; les héritiers de Marie Bourdaloue, sa tante, selon le vœu de son testament, 30 livres; Claude Bourdaloue, 12 livres; enfin, Paul Lelarge, avocat au siège présidial de Bourges, son cousin remué de germain [1], à cause de Françoise Bourdaloue, sa femme, 20 livres.

Cet acte présente, et nous en possédons d'autres exemples, un tableau curieux et pris sur le vif des mœurs encore patriarcales du dix-septième siècle; à part quelques rares exceptions, le soi-disant *respect humain* éloignerait aujourd'hui, certainement, de la célébration du mariage d'un artisan, malgré les prétendus progrès de la démocratie, les parents que le hasard de la fortune aurait placés dans de belles situations.

Nous sommes donc heureux de constater que, dans cette famille d'où va bientôt sortir un homme de génie, la fortune rapide et étonnante de plusieurs de ses membres n'a nullement relâché les liens de parenté ni oblitéré le bon sens; Claude Bourdaloue, le bisaïeul du prédicateur, figure au nombre des bienfaiteurs de Marie Dupont, assiste à son mariage, et cet avocat distingué qui, au nom d'une grande ville, eut l'honneur de saluer et de haranguer une reine de France, à son entrée solennelle dans la capitale de la province, trouve tout naturel d'accueillir, comme sien, un obscur cordonnier. Son fils, Étienne Bourdaloue, si longtemps lieute-

---

1. « On appelle un cousin *remué* de germain, celui qui est fils ou issu d'un cousin germain. » *Dictionnaire* de Furetière.

nant-général à Vierzon, est choisi, en 1641, pour faire partie du tiers état aux États généraux tenus à Tours; enfin son petit-fils, père de l'éloquent jésuite, est lui-même qualifié par Catherinot *vir eloquentissimus*.

Telles sont les grandes lignes de la généalogie des Bourdaloue, que nous allons maintenant étudier en détail.

ÉTUDE GÉNÉALOGIQUE

SUR

LES BOURDALOUE

———

LE BERCEAU DE LA FAMILLE

Nous possédons, pour établir la généalogie des Bourdaloue, deux sources de renseignements absolument indépendantes et qui peuvent nous permettre, en les suivant parallèlement, de les compléter l'une par l'autre et d'en contrôler l'exactitude; d'un côté les manuscrits Hodeau[1], de l'autre les registres de baptêmes, mariages et sépultures, les actes de notaires de Vierzon, enfin les fonds divers.

Il convient de dire tout d'abord que le manuscrit 1019 de la Bibliothèque nationale, malgré la confusion et la difficulté d'interprétation de son texte, nous semble néanmoins avoir été consciencieusement écrit, tandis que le 1020, dans lequel Robert Hodeau cherche à donner, après coup, une origine féodale à la famille de sa femme, ne peut être pris au sérieux; c'est une œuvre de pure fantaisie.

Nous devons cependant retenir un fait générateur que l'auteur met en relief des deux côtés:

Dans le 1019, son premier Bourdaloue, Macé, est qualifié tanneur du village de Bourdaloue (paroisse de Nançay).

Dans le 1020, un Guillaume de *Bours d'Aloz*, issu d'une

---

1. Robert Hodeau avait épousé, le 6 juillet 1628, Marie Bourdaloue, fille d'Étienne, lieutenant général à Vierzon et dressa la généalogie de la famille de sa femme en un volume conservé à la Bibliothèque nationale sous le n° 1019 du Cabinet des titres: il essaya, dans un second volume et sans aucune preuve à l'appui, de donner à cette famille une origine féodale (Cabinet des titres 1020). — *Revue du Centre* de Châteauroux : *Beauchêne*, 15 juillet, 15 août, 15 octobre 1883, 15 mars 1884. — *Tausserat*, 15 septembre 1883, 15 février 1884.

2

grande famille féodale d'Alsace, vient se fixer en Berry, achète une terre à Nançay et épouse Anne du Sollier; nous verrons plus loin, à l'article de ce même Guillaume quel rôle joue l'imagination dans cette histoire de grand seigneur que le hasard amène dans un village perdu de la Sologne vierzonnaise, où il trouve et prend pour femme une bourgeoise de modeste condition[1].

Ainsi le hameau de Bourdaloue ou des Bourdaloue, dans l'esprit de Robert Hodeau, semble se lier intimement à l'origine de sa famille; c'est là qu'il place son Macé Bourdaloue, c'est là qu'il fait arriver son grand seigneur, son Bours d'Aloz; mais, comme nous voyons le même Macé Bourdaloue domicilié à Vierzon en 1450, le renseignement fourni par les manuscrits 1019 et 1020 serait bien vague et même paraîtrait suspect, si nous ne pouvions non seulement prouver son exactitude, mais de plus fixer le lieu même d'origine de la famille au hameau de Bourdaloue, hameau qui dut prendre le nom de ses habitants, comme le prirent les villages des Agard et des Maquaire à Méry, les villages des Millards et des Pillaulx à Vierzon[2].

Nous trouvons en effet en 1399 un acte par lequel Jean Bordaloë, paroissien de Nançay, donne à Jean de La Châtre, seigneur de Nançay, la permission de faire sur son héritage la chaussée d'un étang, moyennant le tiers du produit de cet étang[3]; en 1440, un échange fait par Michel Bordaloe, parois-

1. La sœur d'Anne du Sollier, Claudine, avait épousé Denis Gleneux, marchand bonnetier (1583 P.) et un Jean du Sollier était tixier à Vierzon, le 18 octobre 1408 (Gros.).

2. Plusieurs hameaux des environs de Vierzon, il faut le remarquer, portent le nom de Bourdaloue; outre le grand et le petit Bourdaloue de Nançay, on peut citer le Bourdaloue de Souesmes, le Bourdaloue de Salbris, le Bourdaloue de Laugon, le Bourdaloue de la Ferté-Imbault. Ce nom ne dériverait-il pas de *Borda leucæ* ? Entre Bourges et le Bourdaloue de Souesmes, il y a, de fait, une distance précise de six lieues gauloises.

3. La transaction de 1399 prouve que les Bourdaloue, dès le quatorzième siècle, se trouvaient déjà largement possessionnés à Nançay.

sien de Nançay ; en 1505, une vente par Loys Bordaloe l'aîné, Loys Bordaloe le jeune, Philippe, Madeleine et Michel Bordaloe, enfants de feu Loys et de feue Agasse..... et Jean Bordaloe, tuteur de Jean, fils de feu Philippe Bordaloe, tous paroissiens de Nançay[1].

Ainsi ces trois actes nous fournissent la preuve complète, évidente, de l'existence avant et pendant tout le quinzième siècle, au village de Bourdaloue, de nombreux individus du même nom ; il est donc à peu près certain que le Macé Bourdaloue signalé par Robert Hodeau comme tanneur du village de Bourdaloue, sortait de cette localité lorsqu'il vint se fixer à Vierzon ; c'est par lui que nous commencerons notre état généalogique, n'ayant pu le relier aux Bordaloe de Nançay.

GÉNÉALOGIE

Ad probandum, non ad narrandum.

I. Macé **Bourdaloue**, tanneur du village de Bourdaloue, d'après la généalogie Hodeau, *sixième aïeul du prédicateur*, figure vers 1450 sur le rôle des tailles de Vierzon parmi les plus imposés (Ab.) et possédait dans cette ville une maison relevant noblement de la grosse tour des fiefs à laquelle il en fit deux fois hommage :

> 26 mars 1464, Macé Bordaloe, pour sa maison qu'il tient de Monseigneur à cause du chastel de Vierzon, assise audit lieu devant l'église Nostre-Dame (A.-c. 814).
>
> 10 avril 1464, Macé Bordaloe, un hostel et jardin assis au carrouer Nostre-Dame devant l'église dudit lieu (*Ibid.*).

Robert Hodeau lui donne pour fils Pierre, époux de Marie Tripet ; nous trouvons, en effet, dans le registre des hommages rendus en 1503 (A.-c. 815), la mention suivante :

---

1. Les trois actes de 1399, 1440 et 1505, ont été découverts aux archives du Cher, dans le fonds de la seigneurie de Nançay, par M. Girard de Villesaison à l'obligeance duquel nous devons la connaissance de ces curieux documents. (A.-E. 548, 569, 570.)

Pierre Bordaloue l'aîné et Pierre Bordaloue le jeune, demeurant à Vierzon, tiennent en fief du roi à cause de son hostel de Vierzon, une maison et verger assis en la ville de Vierzon, en la rue du Carrouer-Nostre-Dame qui vaut par chacun an, toutes charges comprises, vingt-cinq sols et n'a point accoustumé de servir au ban et arrière-ban parce que le fief est petit, mais est contribuable aux tailles.

Les comptes communaux contiennent quelques mandats de paiement délivrés au profit de ces deux Pierre :

1481, à Pierre Bordaloue, marchand, 2 sols 1 denier pour une charretée de bois par lui baillée pour faire les lits des Souysses (Suisses) en garnison à Vierzon. (v. e. 211.)

1502, à Pierre Bordaloue le jeune, 15 sols pour avoir été de cette ville à Bourges, lui ou son fils, pourter certaines quantités de chapons, pour iceulx chapons donner à messieurs les élus en Berry, quand on faisait l'assiette des tailles, cette présente année, pour montrer les nécessités de la ville. (c. c. 161.)

1503, au même, 110 sols pour seize journées et demie qu'il a vacquées lui, son charroy et deux chevaux au fur de chacun six sols huit deniers, pour avoir chargé et amené des pierres tant grosses que menues et du sable pour paver la voûte des ponts du Cher. (c. c. 96.)

Il est probable que Pierre l'aîné et Pierre le jeune étaient frères et que l'un d'eux avait épousé Marie Tripet.

Le premier, d'après Robert Hodeau, aurait laissé cinq enfants : Geoffroy, Étienne, Catherine, Jeanne et Jacques[1].

Le second, qui suit, fut un des aïeux du prédicateur.

---

1. Nos documents particuliers nous permettent de donner un corps à quatre des enfants de Pierre :

1º Geoffroy, figure comme notable dans une assemblée vierzonnaise tenue en 1506 (c. c. 201);

2º Étienne, né en 1475 (c. c. 194), greffier de la prévôté de Vierzon, 1501 (c. c. 211); notaire, 1502, 1523, 1541 (Beu. 50, c. c. 194, P.); juge et le plus ancien avocat du barreau de la cour de Vierzon, 1539, 1541. (v. e. 303, c. c. 170); avait affermé le 28 juillet 1534 le lieu des Aubussetz dont il fait hommage au roi en 1541; n'existait plus en 1544; sa veuve Rose Barbier, qui appartenait à une vieille et honorable famille de Vierzon, vend en 1550 (P.) les lieux des Grands Fourneaux et de la Pelleterie.

3º Jacques fournit avec sa sœur Jeanne, en 1542 (P.), un cheptel de brebis et possède avec elle une maison au carrouer Notre-Dame, provenant de la succession de Pierre Bourdaloue, leur père (1541 P.).

II. Pierre **Bourdaloue**, le jeune, marchand tanneur en
1502 (Gros. 15), *cinquième aïeul du prédicateur*, épousa
Marie Tripet et n'existait plus le 18 mai 1514, date à laquelle
Marie, sa veuve, reconnaît posséder dans le censif de Grossous
à Vierzon une minée d'ouches et vergers au Bas-de-Grange en
présence de Guillaume Bourdaloue et Louis Robinet (Gros.).

D'après Robert Hodeau, les enfants issus de cette union
sont : Guillaume, Simon, Renault (homme d'église), Simonnet, Étiennette, Gillon, Louise et Marie.

Nous possédons quelques détails sur sept d'entre eux :

1° GUILLAUME, qui suit ;

2° SIMON, d'où Claude, foulon de draps, marié en premières noces le
16 août 1595 (R.) à Espérance Poulet, et en secondes noces devant
Girault, not. à Issoudun, à Jeanne Girauldon, d'où la *branche de la
Poulleterie* (voir cette branche et le tableau III) ;

3° RENAULT, prêtre, curé de Méry, 1531 (Ver.), fait en 1529 une acquisition d'Étienne Bidault, devant M. Adam, not. à Vierzon ; afferme
le 17 juin 1542, au nom de Louis, fils de Guillaume Bourdaloue et
vicaire de la vicairie St-Nicolas, deux arpents de prés à Vierzon, dépendant de ce bénéfice, et se qualifie dans cet acte curé de Méry ;
n'existait plus le 21 avril 1550 (P.) ;

4° SIMONNET, marié à Suzanne Baucheton, de Bourges, eut comme
postérité, Guillot, Antoine, Claude, Françoise, Suzanne et Catherine (M. S. H.) (sans autres renseignements) ;

5° ÉTIENNETTE, *aliàs* JACQUETTE, mariée à Claude Bidault l'aîné ; mentionnée ainsi que son mari dans un acte du 26 juillet 1577 par
lequel sa petite fille Perpette Fontaine, femme de Georges Lauverjat,
faiseur d'œuvre blanche, vend à Jean Villabon, son beau-père, les
droits lui provenant des successions de Claude Bidault et de Jacquette Bourdaloue, ses aïeux (P.) ;

6° GILLON ou GILLETTE, mariée à Philippe Lebègue et mère de Claude
Lebègue, lieutenant général à Vierzon ; rappelée dans deux actes des
1er mai 1537 et 4 août 1574 (P.), n'existait plus ainsi que son mari
le 18 décembre 1544 (P.), date à laquelle Claude Lebègue, son fils,
liquide, avec Guillaume Gourdon, son beau-frère, les successions de
ses père et mère, d'où toute la grande famille Lebègue ;

7° LOUISE (sans renseignements) ;

8° Marie, mariée devant Marin, notaire à Mehun, le 18 janvier 1543 (m. s. b.) à prudent homme Jean Rousseau, marchand à Vierzon, fils de Joseph et de Jeanne Robinet, auteur de la grande famille Rousseau dispensée du'droit de fêtage à Vierzon, comme issue du grand Achard; rappelés tous deux dans des actes du 9 juin 1583 et 13 novembre 1595 (p.; — v. e. 411).

III. Guillaume **Bourdaloue**, l'aîné (1567), *quatrième aïeul du prédicateur,* notable dans les assemblées vierzonnaises de 1508, 1525, 1532, 1533 — (c. c. 103, 168, 199); élu de la ville, 1541, 1542 (c. c. 199, 207), marié à Anne du Sollier, fille de maistre Jean du Sollier et de Gencienne Merlin[1]; sa femme lui avait apporté la moitié indivise de la Motte-Saint-Hilaire et n'existait plus le 4 avril 1540 (Beu. 25), date à laquelle Guillaume Bourdaloue, au nom de Louis et Claude le jeune ses enfants impubères et comme se portant fort pour Claude l'aîné, son fils majeur, fait avec Jean du Sollier son beau-frère, l'hommage de la Motte-Saint-Hilaire au seigneur de Saint-Georges; cette Motte était possédée dès le 26 octobre 1484 par le grand-père de sa femme, Philippe Merlin[2], ainsi qu'il résulte d'un aveu fourni par ce dernier à Philippe de Vauldenay, seigneur de Saint-Georges, et par son beau-père, le 27 mars 1495; le

---

1. Guill. Bourdaloue semblerait avoir épousé en secondes noces Jeanne Morat, car nous voyons les héritiers de Guill. Bourdaloue et de Jeanne Morat sa femme vendre le 7 juillet 1566 (p.) une portion de maison rue des Changes, appelée le Champ des Oiseaux; de cette seconde alliance seraient issus :

1° Jacques, auteur de la *branche du Breuil* (V. cette branche et le tableau IV);

2° Pierre, époux de Catherine Chappus avec laquelle il comparaît, le 16 février 1567 (Ad.), au mariage de Françoise Brossard, fille de Jean et de Marie Chappus, ainsi que Guillaume Bourdaloue, marchand à Mehun, épouse de Marguerite Brouard;

3° Catherine, époux de Guillaume Lombus, apothicaire, fils de Nicolas, notaire à Vierzon; son fils Pierre, grâce sans doute à l'appui des Guise, était secrétaire du roi, le 9 février 1616 (Reu.); Guillaume Lombus, le 5 novembre 1581 (P.), se fait délivrer un certificat constatant qu'il est natif de Vierzon, qu'il est fort vieil, caduc et maladif, gras et replet et qu'il y a longtemps qu'il est détenu de maladie.

2. Philippon Merlin et Étienne Du Sollier étaient élus de Vierzon en 1466. (v. e. 518.)

3 mai 1542 (p.), il afferme un *chatz* de maison[1] et de nombreux immeubles ruraux, se qualifie, dans cet acte, prudent homme et gagne en 1540 plus de cinq cents écus sur la ferme de la paisson et glandée de la forêt de Vierzon ; mais il n'existait plus le 17 mai 1567 (Ad.), date à laquelle Loys Bourdaloue, son fils, sergent royal à Vierzon, s'accorde avec son frère Claude, relativement à une rente dépendant de la succession de leur père Guillaume et due par Claude de Miray (Ad.).

D'où :

1° CLAUDE, qui suit ;

2° LOYS, sergent royal, 1575 (p.), geôlier et concierge des prisons de Vierzon, 1578 (p.) ; crieur et préconiseur, 1584 ; tanneur, 1586 (p.), époux de Perpette Masson, 1567 (Ad.), vend le 1er janvier 1580 (p.) une maison, rue St-Pierre et, le 13 décembre 1581 (p.), une autre maison même rue et rue Chèvre ; il n'exerçait plus le 5 avril 1586 (Rou.) lorsqu'il fut condamné par les grènetier et contrôleurs [du grenier à sel de Vierzon, à rembourser à Pierre Gombault, fournisseur dudit grenier, la valeur de 6 muids 3 minots de sel ordinaire, un poinçon de sel blanc et trois milliers d'ardoises qui avaient été volés à ce dernier par Pierre Chabart, arrêté pour ce vol. — Chabart, laissé à la garde de Louis Bourdaloue, s'était évadé après avoir rompu les portes de la prison, et son geôlier avait été rendu responsable du vol par suite de sa négligence ;

3° CLAUDE le jeune, sieur de Chantaloup, 1585 (p.), marchand teinturier à Vierzon, époux de Jeanne de Laujon, donne sa fille Marie à Nicolas Agard, aussi marchand teinturier ; de ce mariage sortit la branche des Agard des Maisons rouges, marchant parallèlement avec celle des Agard, marquis de Morognes et de Maupas, et celle des Agard de Champ à laquelle appartient le père de Champ, *aliàs* de Champs, l'ami et le confesseur du grand Condé. (*Études* des PP. Jésuites, 15 janvier 1894. — v. e. 410.)

Le 8 août 1582 (Beu.) il achète de Claude Bidault un quart indivis du lieu du Sollier, *aliàs* les Maisons rouges, le 3 décembre 1582 (Beu.) il fait hommage de la moitié de cette terre, mais le 29 décembre 1596 (Gar.) il est sommé par Françoise Bidault, fille de Claude, sa cousine germaine, de se désister du quart de cette métairie dont elle entend exercer le retrait linager ; il résiste, l'instance s'engage et va, de juri-

---

1. *Chatz*, chas. Voir Littré au mot *Chas*.

diction en juridiction, jusqu'au parlement de Paris qui annule la
vente; Claude Bourdaloue mourut avant la fin du procès dont la
durée fut très longue, puisqu'il vivait encore le 13 décembre 1606
(Gar.). — Il était en 1577 (P.) tuteur de Marie et Philippe Dupont,
ses neveux.

IV. Claude **Bourdaloue**, l'aîné, *trisaïeul du prédicateur*,
marchand bourgeois de Vierzon, 1545 (P.), administrateur de
l'Hôtel-Dieu de cette ville, 1560-1567 (Hospices, Ab.); marié en
premières noces à Thiénon ou Étiennette Teixier, avec laquelle
il vend le 5 octobre 1543 (P.) un pré, prairie de la Flotte, à
Thénio, et en secondes noces à Marie Lardier, fille de Silvain
et de Marie de Longuevie; possédait, du chef de sa femme,
indivisément avec Robert Lardier et Catherine Lardier, femme
de Gabriel Arragon, notaire et sergent royal à Selles, le tiers du
lieu manoir et métairie de la Baronnière à l'Ospital de Ville-
franche, tiers dont le sieur Arragon fait l'acquisition le 1er septembre 1557 (P.); le 29 septembre 1578 (P.) il donne pouvoir
de faire la déclaration des héritages qu'il tient en arrière-fief de
la Beuvrière; enfin, il n'existait plus le 5 juillet 1580 (M. Y.),
date à laquelle Marie Lardier, sa veuve, comparaît au mariage
de Jean de Longuevie, mégissier, fils de Rozobabel (*sic*), avec
Perpette Gaultier, en présence d'Isabelle de Longuevie, sœur
du futur et de Marie de Longuevie, sa tante, femme de Étienne
Villain [1].

Robert Hodeau attribue à Claude Bourdaloue l'aîné onze
enfants et en donne la nomenclature dans l'ordre suivant:
Catherine l'aînée, Jacquette, Marie, Claude, Pierre, Madeleine, Catherine la jeune, Antoine, Michel, Étienne, Jeanne;
nous adoptons la même classification.

1. Ce fut d'Étienne Villain qu'Étienne Bourdaloue acheta le lieu de La Noue,
le 21 février 1615; il céda ensuite ce lieu à son frère Antoine ainsi qu'il résulte de la donation faite par l'acquéreur à son neveu Pierre, en 1642.

PREMIER LIT

1º CATHERINE l'aînée, épouse en premières noces Pierre Dupont, procureur fiscal de la baronnie de Graçay, dont elle était veuve en 1581 (P.) et en secondes noces, le 12 février 1586 (Rou.), Hector Gilbert, marchand bourgeois à Bourges, assistée de honorable homme et sage Mᵉ Claude Bourdaloue, avocat au siège présidial de Bourges; prudent homme Pierre Bourdaloue, marchand à Vierzon et Madeleine d'Avesnes, sa femme; Étienne Poussard, aussi marchand, et Jacquette Bourdaloue, sa femme; Étienne Richer, procureur et notaire royal à Vierzon et Madeleine Bourdaloue, sa femme; honnête fille, Catherine Bourdaloue la jeune, ses frères et sœurs; Loys et Claude Bourdaloue, bourgeois de Vierzon, ses oncles; Jeanne de Lanjon, femme dudit Claude Bourdaloue. Elle marie sa fille Marie Dupont le 15 juillet 1619 (T.) avec Jean Johan cordonnier à Romorantin; le sieur Dupont, d'ailleurs, était mort absolument insolvable, et un acte du 29 juin 1587 (Rou.) constate que tous ses biens avaient été saisis, mis en criée et décret;

2º JACQUETTE, mariée en premières noces à Michel Rousseau, fils d'Étienne, hôtelier à Vierzon, épousa en secondes noces, le 13 février 1575 (P.), Étienne Poussard, marchand à Bourges, fils de feu François, notaire à Mehun, et de Isabelle Triboulet.

Le 26 juillet 1577 (P.), prudent homme Étienne Rousseau, hôtelier à Vierzon, aïeul paternel des enfants de feu Michel Rousseau et de Jacquette Bourdaloue, à présent femme de Étienne Poussard, afferme les immeubles délaissés par la grand'mère des mineurs moyennant 55 livres d'acense.

Elle n'existait plus le 18 février 1595 (B.), époque à laquelle ses biens furent partagés entre ses enfants;

3º MARIE, mariée à Pierre Guymon, marchand à Bourges, possédait en 1599 la métairie de la Barbotte (Boyer); elle assiste le 29 août 1571 au mariage de son frère Claude; le 21 janvier 1586 (Rou.), au mariage de sa sœur Catherine la jeune; le 25 février 1601 (B.), au mariage de son frère Étienne; elle était veuve lors de ce dernier mariage;

4º CLAUDE, auteur de la branche de Saint-Martin des Las, qui suit;

DEUXIÈME LIT

5º PIERRE, marchand bourgeois de Vierzon, marié le 20 juin 1581 (Tables P.) à Madeleine d'Avaynes, fille de Jean, marchand à Châteauroux et de Madeleine Legier, se dit oncle maternel des enfants de Jacquette Bourdaloue, le 18 février 1595 (b.), d'où la *branche du Jeu de Paume* (voir cette branche et le tableau V).

Sa veuve, le 1ᵉʳ février 1626 (т.), fait le partage anticipé de ses biens entre Jacquette, Françoise, Perpette, Pierre, Madeleine et Claude d'Avaynes, ses enfants et afferme le 3o août 1634 (b.) le clouzeau, proche le moulin de Grossous;

6º MADELEINE, mariée le 1ᵉʳ août 1582 (Tables p.) à Étienne Richer, notaire à Vierzon, fils de Raymond, peintre et vitrier, et de Jeanne Jehannin (Berth.), assiste les 21 janvier et 12 février 1586 au mariage de ses deux sœurs Catherine; le 25 février 1601, à celui de son frère Etienne; en 1612, à celui de sa nièce Perpette Bourdaloue, fille de Pierre; transporte le 4 septembre 1585 (r.), à Mᵉ Claude Bourdaloue, avocat au siège présidial de Bourges, 40 sols de rente due par les échevins de Vierzon et lui provenant de la succession de Claude Bourdaloue l'aîné, son père; marie le 20 février 1609 (b.) Marguerite Richer, sa fille, avec Gilles de La Rippe, pâtissier boulanger à Vierzon (v. e. 406);

7º CATHERINE la jeune, mariée en premières noces le 21 janvier 1586 (Rou.) à Claude Merlat, marchand à Bourges, épousa en secondes noces Ursin Bonnemain, potier d'étain; vend le 29 octobre 1591 (r.) à Pierre Bourdaloue, son frère, les bâtiments lui provenant du partage des biens de Claude Bourdaloue et de Marie Lardier, ses père et mère, meurt sans héritiers directs et laisse ses biens à ses frères, sœurs et neveux qui vendent tous leurs droits le 29 mai 1631 (т.);

8º ANTOINE, écolier, étudiant en l'Université de Bourges, 1586 (Rou.); secrétaire de Mgr le duc de Guise, 1619 (т.); intendant de ses affaires, son surintendant à Marseille, 1630 (Gar.); intendant d'amirauté des mers de Levant, sous Charles de Guise, qualité rappelée dans une fondation religieuse du 27 juillet 1725 (т.); seigneur spirituel et temporel de la terre et ville de Reuilly, 1625; seigneur de La Noue et de Héry; fait bâtir en 1619 le château de La Noue qui existe encore aujourd'hui dans l'état presque primitif; obtient en 1634 (r.) la concession d'un banc en l'église de Vierzon, le plus proche du chœur, à main gauche (т.); donne à son neveu, Pierre Bourdaloue, fils d'Étienne, le 17 février 1742, les lieux et seigneuries de La Noue et d'Héry, ainsi qu'il les a acquises du sieur de La Creuzée, son frère, et du sieur d'Estat.

Meurt en 1646 et est enterré dans la chapelle du Saint-Sépulcre;

9º MICHEL, sieur de la Pouzerie et de l'Espine, sous l'autorité du prudent homme, Claude Bourdaloue, teinturier, son oncle, en 1588;

capitaine (M. S. H.), receveur au grenier à sel d'Issoudun, 1594 (Bois.); receveur des consignations en la même ville, 1610 (R.); époux en premières noces de Marie de Valentiennes et en secondes de Marie Baraton, fille de honorable homme Pierre Baraton, pour lequel il se porte fort le 12 juin 1607 (Rou.); se dit frère de Pierre Bourdaloue, le 27 septembre 1615 (R.); vend le 25 juin 1619 (R.) une maison ou chastel où souloit pendre pour enseigne le bœuf couronné et meurt le 24 septembre 1622 (M. S. H.). Sa veuve, Marie Baraton, figure dans une constitution de rente du 27 décembre 1623 (T.); d'où la *branche d'Issoudun* (V. cette branche et le tableau VI);

10° Étienne, dit capitaine La Ramée (M. S. H.), chef de la *branche de La Noue* (voir cette branche et le tableau II);

11° Jeanne, épouse de Nicolas Damours, avocat à Bourges, assiste le 25 février 1601, au mariage d'Étienne, son frère, d'où postérité

BRANCHE DE SAINT-MARTIN DES LAS

V. Noble et saige maistre Claude **Bourdaloue,** *bisaïeul du prédicateur*, écuyer, seigneur du Bouchet, d'Aubilly et de Saint-Martin-des-Las, paroisse de Crosses; avocat au siège présidial de Bourges, 1613; avocat des affaires communes de la même ville dès 1573; échevin, 1613-1614; épousa le 25 août 1571, par contrat recu Moyneau, notaire à Bourges, Catherine du Chèvre, fille de feu Étienne, vivant bourgeois et marchand à Bourges et de défunte Jacqueline Pastoureau, assisté de Claude Bourdaloue, son père; Claude Bourdaloue le jeune, son oncle; M° Pierre Dupont, procureur en la baronnie de Graçay; Michel Rousseau, marchand à Vierzon; Pierre Guymon, marchand à Bourges, ses beaux-frères; Guillaume Bourdaloue, marchand à Mehun, et Claude Lebègue, lieutenant à Vierzon (A.-E. 3746); reprend une seconde alliance avec Jacquette de Puypéron, qui comparaît en 1604-1612 comme sa femme et en 1626 comme sa veuve (Bois.).

Le vendredi 6 décembre 1596, il harangue pour le maire, les échevins et toute la ville, Louise de Lorraine, reine douairière de France, duchesse de Berry, lorsqu'elle fit son entrée dans la capitale du Berry, venant de son château de Chenonceaux par Romorantin, Vierzon et Mehun-sur-Yèvre; le 8 novembre 1580 (A.-E. 1110), il fait hommage du lieu de Soye au chapitre de la Sainte-Chapelle de Bourges, les 15 octobre 1586 et 3 février 1617 (A.-E. 773), il afferme la métairie de Beaulieu, le 12 avril 1587 (*Ibid.*), il achète des vignes à Saint-Just, et, le 23 mai 1607, des terres à Crosses.

Le 3 novembre 1618 : « Veu l'exposition faite en la requête « du sieur Claude Bourdaloue, de son indisposition et cadu- « cité, en considération des longs et agréables services rendus « à la ville durant le temps de quarante-cinq ans (depuis 1573) « qu'il a exercé la charge d'advocat de la ville, Mᵉ Charles « Lelarge, son gendre, sera subrogé en son lieu, et receu en « la qualité d'advocat en la dicte ville pour en faire les fonctions « requises et jouyr des droicts et honneurs accoutumés et qui « appartiennent à la dicte charge ainsi qu'a faict le dit « Mᵉ Claude Bourdaloue et en jouyr les huict moys qui res- « tent de ceste année, jusqu'à la feste de saint Pierre prochain. » (Archives municipales)

Claude Bourdaloue mourut en 1618 ; d'après Robert Hodeau, il aurait eu du premier lit : 1° Claude, 2° Philibert, 3° Jean, 4° Pierre (mort à Paris le 15 mars 1599), 5° Catherine, 6° Marie, 7° Anne, 8° Guillot, 9° Septime, 10° Jeanne, 11° Nicolas, 12° Jean, 13° François, 14° Anne, 15° Pierre, et du deuxième lit : Claude et Joachim.

Voici ceux de ses enfants pour lesquels nous avons trouvé des renseignements :

1° CLAUDE, receveur général des finances à Bourges, avant 1605 (Riffé), épouse en premières noces Catherine Robin, dont il eut un fils, Claude, mort au mois d'août 1602 et en secondes noces, en 1602, Anne Mazelin, fille de noble homme Charles Mazelin, seigneur de Chenevières (A.-E. 2300), avec lequel il est, en 1606, cofermier du droit perçu sur le vin vendu en détail dans la septaine de Bourges (Bois.); sa veuve, Anne Mazelin, comparaît en 1631 comme femme de noble homme Claude Stample, receveur général des gabelles (Bois.), pour rendre compte à Pierre Bourdaloue, comme procureur de son oncle Antoine Bourdaloue, seigneur de la Noue et de la Garenne de Contres, de la recette et maniement qu'elle a eu des biens de Claude Bourdaloue depuis sa mort arrivée en 1626; d'où Claude, décédé en 1640; Charlotte, b. 1612; Marie, b. 1613 (religieuse à Buxières); Henri, sieur du Clos, b. 1614 (tué en duel 1645, ainsi qu'il est rapporté dans le journal de Claude Lelarge); Louise, b. 1616.

Extrait du journal de Claude Lelarge :

« Le lundi 28 aout 1645, Henri Bourdaloue, sieur du Clos, mon cousin, s'étant battu en duel avec un nommé de Ligonac, de ceste ville, au bout de la Chappe, a été tué par ledit de Ligonac d'un coup d'espée au dessous de la mamelle gauche, lequel coup lui perçait le cœur. Il vescut six heures après le coup et mourut bien repentant. Il se pleignist que ledit de Ligonac l'avoyt traicté lachement et dict qu'il avoyt pris querelle avec le dict Ligonac pour un soufflet qu'il avait donné à Mazelin, son oncle, duquel ledit Mazelin ne s'estoit vangé. Le prévost des marchands s'estant emparé du corps à cause de la rigueur des ordonnances sur les duels, monsieur le lieutenant-criminel intervint qui le vouloyt avoir, ce qui donna une grande peine aux parents; lesquels par amys eurent le corps et le firent inhumer secrètement en la chapelle de sainct Claude aux Jacobins et, par advis des parents, Paul Lelarge, mon fils, s'est porté héritier, sous bénéfice d'inventaire au reffus des légitimes héritiers » ;

2° ÉTIENNE, qui suit ;

3° JEANNE, b. le 23 janvier 1587, épouse Robert Damours, échevin de Bourges en 1649, et marie à Jacques de Brielle, conseiller du roi et son avocat au grenier à sel de Vierzon, Madeleine Damours, sa fille, qui était veuve, lorsqu'elle comparut le 17 février 1642 au mariage de Pierre Bourdaloue, fils d'Étienne, son cousin germain ;

4° NICOLAS, b. le 22 juillet 1588, sort inconnu ;

5° JEAN, b. le 21 septembre 1589, écuyer, sieur de Bussy et d'Aubilly. 1623 ; contrôleur principal des guerres en *Provence*, épouse par c. de m., reçu Mᵉ Couturier, notaire à Bourges, le 29 novembre 1619, Marguerite Tullier, fille de François, écuyer, seigneur du petit Mazières, prévôt de Bourges et de Marie Sarrazin de Rippières; le 17 octobre 1631 il vend la moitié du petit Aubilly et de Razay à Avord (Bois.); en 1638, il signe une donation entre vifs pour lui et sa femme, étant sans enfants (Bois.).

Il n'existait plus en 1663 ; sa veuve, née en 1592, mourut à la Chapelle d'Angillon le 21 aout 1668, fut inhumée en l'église de cette
ville et laissa dans le souvenir des habitants la plus grande vénéra-
tion à cause de la sainteté de sa vie (Riffé.).

Par son testament de 1659 Jean Bourdaloue lègue à M. le conseiller Bourdaloue ses livres, à l'exception de ceux de dévotion qu'il
jugera utiles à Marguerite Tullier, son épouse, et institue pour son
héritier universel Étienne Bourdaloue, fils de feu noble Claude
Bourdaloue, sieur de Beauchène, son neveu, et de Marie Rousseau,
et dans le cas où celui-ci viendrait à décéder ou à faire profession, il
fait ses héritiers Anne et Avoye Bourdaloue, ses sœurs (Riffé);

6° Françoise, b. le 14 octobre 1590, mariée à Paul Lelarge, avocat à
Bourges, nommé le 3 octobre 1618 avocat des affaires communales,
en remplacement de son beau-père, Claude Bourdaloue.

Décédée le 29 décembre 1621 et enterrée en l'église de Saint-
Aoustrillet. Son mari reprit une nouvelle alliance avec Catherine
Rousseau, veuve de Jean Boursault ;

7° Anne, b. le 8 janvier 1595, sort inconnu ;

8° Pierre, b. le 16 juin 1599, sort inconnu ;

DEUXIÈME LIT

9° Claude, b. le 7 avril 1602 ;

10° Joachim, b. le 11 juillet 1603.

VI. Étienne **Bourdaloue**, né vers 1585, *aïeul du prédicateur*, avocat au bailliage et siège présidial de Bourges, 1607 ;
lieutenant général civil et criminel de Vierzon, 1609 à 1650 ;
député du tiers état de Berry aux États généraux convoqués à
Tours en 1641 ; maître des requêtes ordinaires de l'hôtel de
M. le Prince, père du grand Condé[1], épouse devant Couturier,
notaire à Bourges, le 6 septembre 1606, Marie Besse, fille de
feu François, avocat, et de Françoise Pinette ; afferme le 13 février 1617 tous les héritages situés à Meneton-Salon qui lui
ont été constitués en dot par son père Claude Bourdaloue, et
le 19 février 1621 (T.), pour son frère Claude receveur général

1. L'élection des députés avait eu lieu à Bourges sous la présidence de
M. Biet, lieutenant général, et *sous l'influence presque absolue du prince de
Condé* qui avait à l'avance désigné les candidats (R. B. IV-310).

des finances en la généralité de Languedoc, une maison à Vierzon, rue des Forges.

Le 13 juin 1648 (т.), comme légataire institué de noble Antoine de Bourdaloue, vivant sieur de La Noue; il reconnaît avoir reçu de Pierre Bourdaloue, écuyer, sieur de La Creuzée, héritier testamentaire dudit Antoine, la somme de deux mille livres, à laquelle monte sa part et portion sur les vingt mille livres léguées par le sieur de La Noue à tous ses héritiers *ab intestat.*

D'après Robert Hodeau, il aurait eu pour enfants : Étienne, 1609; Marie, 1610; Claude, 1614; Philippe, 1616 (mort jeune); Charlotte, 1622 (religieuse); Jeanne, 1627; Pierre, 1631, tué au siège de Paris, août 1655; Étienne, lieutenant au régiment de Touraine.

Voici ceux sur lesquels nous possédons des renseignements :

1° ÉTIENNE, qui suit;

2° MARIE épousa, en 1626, Robert Hodeau, l'auteur des manuscrits 1019, 1020 ; le futur raconte lui-même les détails de son union (м. s. н.) : « Le 28ᵉ janvier 1626, je fus accordé avec Marie Bourdaloue, fille de noble homme Estienne Bourdaloue, conseiller du roi et lieutenant-général civil et criminel au siège royal de Vierzon et de dame Marie Besse, et le lundi sixième juillet audit an 1626, je fus espousé avec la dicte Marie Bourdaloue en l'esglise Nostre-Dame de Vierzon, par vénérable personne Mᵉ François Hodeau, prieur de l'esglise du Chasteau-lès-Bourges, mon frère du premier mariage de mon dict père. »

D'où François, 1628 et Étienne, 1629, bénédictins à Limoges; Robert sieur du Tronçay, 1631 ; Étienne, 1632 (mort de suite); Anne, 1634, bénédictine à Saint-Laurent; Jeanne, chanoinesse au Saint-Sépulcre, y décédée en odeur de sainteté; Claude, sieur de Lamoignon, prieur commandataire d'Ainay-le-Chastel; Anne, 1643, chanoinesse du Saint-Sépulcre, morte à 40 ans ;

3° CLAUDE, sieur de Beauchène, né le 6 juin 1614, épouse le 17 juillet 1644 (Ba.) Marie Rousseau, veuve de Regné Lebègue, vivant bourgeois de Vierzon, assisté de Étienne Bourdaloue, avocat en parlement, son frère; Robert Hodeau, sieur du Tronçay, son beau-frère; Jeanne Bourdaloue, sa sœur; Jean Bourdaloue, écuyer, sieur de Bussy, son oncle; Pierre Bourdaloue, écuyer, sieur de Contres, son cousin issu de germain; M⁰ Claude Richer, notaire à Vierzon, son cousin germain, etc.

Le 29 novembre 1667 (Beu.), sa veuve, comme tutrice de ses enfants mineurs, cède une rente constituée au profit de noble Étienne Bourdaloue, lieutenant-général à Vierzon, père du défunt;

4° PHILIPPE, né le 6 janvier 1616, mort jeune;

5° CHARLOTTE, née en 1622 (M. S. H.);

6° JEANNE, 1627, épouse, le 19 novembre 1644 (Gar.), noble homme Gabriel Crublier, sieur du Lasson et de Loye, fils de noble homme Michel Crublier, sieur de Piedmoyreau, le Lasson, Loubatière, conseiller du roi et élu en l'élection de Châteauroux et de Catherine d'Aubourg, assiste de Étienne Bourdaloue, sieur de Saint-Martin, conseiller du roi et juge magistrat du bailliage de Bourges, de Robert Hodeau, à cause de sa femme, de noble Claude Bourdaloue, sieur de Beauchène, Marie Rousseau, sa femme, ses frères et sœurs, de Antoine de Bourdaloue, seigneur spirituel et temporel de Reuilly, grand-oncle, de Pierre Bourdaloue, sieur de La Creusée, cousin remué de germain;

7° PIERRE, 1631, tué au siège de Paris, août 1652 (M. S. H.);

8° ÉTIENNE, lieutenant au régiment de Lorraine (M. S. H.).

VII. Étienne **Bourdaloue,** *père du prédicateur,* écuyer, sieur de Saint-Martin-des-Las, *aliàs* des Laqs, avocat en parlement, conseiller du roi, doyen du présidial, épousa le 28 juillet 1631 Anne Lelarge, veuve du sieur Du Moulin, fille de Louis, écuyer, seigneur de Malsac et de Boisjaffier et de Madeleine de Berne; son beau-père, en mourant, ayant exprimé le désir d'être inhumé en l'église des Carmes et d'obtenir la fondation de deux obits et de trois grandes messes, Étienne Bourdaloue s'engage, le 1ᵉʳ mai 1655, avec les cohéritiers de sa femme, à verser la somme de 500 livres aux religieux du couvent, qui permettent alors qu'un marbre portant l'inscription du décès soit appliqué au dedans de l'église à la muraille vers la chapelle de la Trinité au-dessus de sa sépulture.

Catherinot dit de lui : *Vir eloquentissimus.*

Il mourut le 28 octobre 1669, âgé de soixante-trois ans, et Anne Lelarge, le 22 mai 1700, à l'âge de quatre-vingt-neuf ans, après avoir vu les petits-enfants de ses petits-enfants.

D'où :

1° Louis, dit le grand Bourdaloue, écuyer, né à Bourges, baptisé à Notre-Dame du Fourchaud le 29 août 1632, ayant pour parrain Louis Lelarge, alors lieutenant des aides à Charôt, son grand-père maternel, et pour marraine Marie Besse, sa grand'mère paternelle.

Il soutient, en 1647, sa thèse publique de droit et de physique au présidial de Bourges, entre dans la Compagnie de Jésus le 10 octobre ou novembre 1648, et meurt le 13 mai 1704.

On voit à Paris, dans l'église Saint-Paul-Saint-Louis, rue Saint-Antoine, un marbre moderne sur lequel est gravée cette simple inscription :

Hic jacet Bourdaloue 1632-1704[1] ;

2° Anne, dame de Saint-Martin-des-Las, née le 9 janvier 1634, morte le 6 mai 1713, épouse, le 24 août 1653, Henri Chamillart, écuyer, sieur de Villatte, oncle de Michel Chamillart, ministre de Louis XIV.

D'où :

Anne, bap. 1654, épouse de François Gassot, écuyer, sieur de Soye et de Rochefort, capitaine dans le régiment de Castelneau, 1670, morte le 22 mars 1732 ;

Marie, b. 1653, épouse de Robert Hodeau, sieur du Tronçay, avocat au parlement, administrateur de l'hôtel-Dieu ;

Étienne, b. 1656, jésuite, mort 1730[2] ;

Madeleine, b. 1659 ;

Antoine-Gaston, b. 1661, jésuite ;

---

1. Il n'y a pas moins de *quatre* inscriptions funéraires, deux modernes, deux anciennes, portant le nom de Bourdaloue, dans l'église paroissiale Saint-Paul-Saint-Louis, qui était autrefois l'église Saint-Louis, de la Maison professe des jésuites. Il serait à souhaiter que l'on déterminât laquelle recouvre l'emplacement des restes de Bourdaloue. Étrange sort des grands hommes et de ceux sur lesquels on a le plus écrit ! On ne sait au juste de Bourdaloue ni quel jour il est né, ni quel mois il est entré chez les jésuites, ni où il a été enseveli. Ce qui n'empêche pas le P. Lauras de demander dans sa Préface ce qu'on peut bien dire « après M. Anatole Feugère » !

2. Le P. Étienne Chamillart, le plus connu des trois jésuites du même nom, tous trois neveux de Bourdaloue, naquit à Bourges le 11 novembre 1656, entra au noviciat le 15 octobre 1673, professa la rhétorique, les humanités, et s'adonna à l'étude de la numismatique. Il fut membre associé de l'Académie della Crusca. Mort à Paris, le 1er juillet 1730. Voir la *Bibliothèque des écrivains de la Compagnie de Jésus*, par le P. Sommervogel, édit. in-4, II, 1049, où l'on trouve la liste de ses nombreux écrits, et Ménorval, *les Jésuites de la rue Saint-Antoine*, p. 81.

CLÉMENT, b. 1663, président à la Chambre des comptes, épouse N. de
Lussay et laisse deux filles;

PIERRE, jésuite[1];

3° ROBERT, né le 10 juillet 1637, mort en bas âge (M. S. H.).

BRANCHE DE LA NOUE

Étienne **Bourdaloue**, fils de Claude et de Marie Lardier,
clerc, 1586 (R.); capitaine d'arquebusiers à cheval sous Claude
de La Châtre; grènetier au grenier à sel de Vierzon, 1606
(Rou.), 1629 (V. E. 515); échevin, 1613 (Rou.), était, en 1615
(Gar.), fermier du domaine de la ville et de la paisson et
glandée des bois de Vierzon appartenant par engagement à
M. le Prince, domaine dont son oncle Joseph Rousseau était
en 1586 (P.) fermier adcensataire pour Mme de Montpensier.
En 1632 il est intendant de Mgr le duc de Guise (d'après
M. de Boismarmin); et, le 25 février 1601 (B.), il épouse
Françoise Rousseau, fille de François et de Marie Coste, assisté
de M° Claude Bourdaloue, avocat au siège présidial et maison
commune de Bourges, prudent homme Pierre Bourdaloue
marchand à Vierzon, Catherine d'Avesnes sa femme, M° Michel Bourdaloue receveur au grenier à sel d'Issoudun, Marie
Bourdaloue femme de prudent homme Pierre Guymon marchand à Bourges, Madeleine Bourdaloue femme de M° Étienne
Richer notaire royal et procureur à Vierzon, Catherine Bourdaloue femme de prudent homme Ursin Bonnemain marchand à Bourges, Jeanne Bourdaloue femme d'honorable
homme et saige M° Nicolas Damours avocat au siège présidial
de Bourges, ses frères et sœurs.

Il achète : 1° de Charles de La Chapelle, le 3 octobre 1608
(Gar.), *une place et masure où souloit avoir une maison avec
autres bâtiments de longtemps bâtis et ruinés par les guerres*

1. Pierre Chamillard, né à Bourges le 22 juin 1664, entré dans la Compagnie
de Jésus le 24 septembre 1679, professa, comme son frère Étienne, les humanités
et la rhétorique. Il mourut à la Maison professe de Paris, où avait vécu si longtemps son oncle, le 3 avril 1733. Voir Sommervogel, II, 1052.

dernières, avec un jardin y joignant, contenant quatre boisse-
lées assis au chastel de ceste ville, appelés d'ancienneté le Logis
de Syon comme en ont joui et souloit appartenir ci-devant aux
seigneurs de Chevilly[1].

2° Des héritiers Soupizet le 3o août 1609 (R.) le logis de la
grosse armée, grand'rue et rue de la Forge-Gallerand ;

3° D'Étienne Villain, le 21 février 1615, le lieu, manoir et
seigneurie de La Noue proche la ville de Vierzon, consistant
en une grande maison, portail pour entrer dans la cour, autre
portail pour entrer audit lieu seigneurial, chapelle, étang, four
à chaux et à tuiles, plus la métairie dudit lieu, moyennant
8 ooo livres [1];

Le 21 mai 1619 (T.) il passe un marché pour, au nom d'Antoine de Bourdaloue, son frère, secrétaire de Mgr le duc de
Guise, construire le lieu seigneurial de La Noue.

Le 21 février 1615 (R.) il constitue à Claude Bourdaloue,
receveur général des finances, 37 livres 10 sols de rente,
moyennant 6oo livres destinées à *accommoder* sa maison de
la grosse armée où il demeurait déjà le 2 février 1613 (R.).

D'où :

1° PIERRE, qui suit ;

2° PIERRE, lieutenant des gardes de Charles de Guise, après avoir servi
les ducs de Lorraine, ses prédécesseurs, marcha sous ses ordres en
Champagne contre le duc de Nevers et autres princes armés contre
la couronne et se distingua aux sièges de Rethel, Château-Porcien et
Saint-Maixant; il mourut de ses blessures, en 165o (M. S. H.; — Bibl.
nat., F. F. R. 4834; — E. 675). D'après M. Riffé il aurait été capitaine d'une compagnie de chevau-légers au régiment d'Heudicourt.

---

1. Le logis de Syon fut donné aux chanoinesses du Saint-Sépulcre, le 2o novembre 1641, par Pierre Bourdaloue, fils d'Étienne (Ru. 1719) et servit d'emplacement pour le monastère que la communauté créa à Vierzon ; ce logis relevait noblement de la grosse tour. Voir pour l'origine : C. L. 79, 234.

2. L'ancien lieu seigneurial de la Noue n'a pas été abattu par Antoine Bourdaloue lorsqu'il construisit son château en 1619, il existe toujours dans son
état primitif et fait face au portail d'entrée. — Le château de la Noue appartient aujourd'hui à Mme la comtesse de Combarel. — Voir pour les transmissions successives de ce lieu C. L. 163.

II. Pierre de **Bourdaloue** [1], écuyer, étudiant en l'université de Bourges, 1618; conseiller, et secrétaire ordinaire de Mgr de Guise, prince de Joinville, 1631-1632 (B., Gar.); gentilhomme de la fauconnerie du roi, 1642 (d'après son contrat de mariage); échevin de Bourges, 1654-1655; épouse en premières noces Germaine Monicault, fille de François sieur de La Chaussée, et en deuxièmes noces, le 17 février 1642, Catherine Gassot veuve de noble Gabriel Pinette, fille de Claude sieur du Desfend et de défunte Claude Heurtault (contrat de mariage reçu de Brielle, notaire à Bourges), assisté d'Antoine de Bourdaloue, seigneur spirituel et temporel de la ville terre et seigneurie de Reuilly, conseiller-intendant des affaires de Mgr de Guise en Provence, son oncle; noble Étienne Bourdaloue, conseiller du roi, lieutenant général à Vierzon; Jean Bourdaloue sieur de Bussy, conseiller du roi, contrôleur principal des guerres en Provence; noble et scientifique personne Mᵉ Robert Damours, chanoine de l'église de Bourges; Madeleine Damours veuve de Jacques de Brielle, conseiller du roi et son avocat au grenier à sel de Vierzon.

En 1631, comme procureur de son oncle Antoine de Bourdaloue, il arrête un compte avec les métayers de La Gareynne d'après les papiers journaux de feu noble Claude Bourdaloue, conseiller du roi, receveur général, époux en deuxièmes noces d'Anne Mazelin (Bois.);

. Le 6 mai 1631 (T.) il vend à Jean Delys, notaire royal à Vierzon et à Françoise Bourdaloue sa femme, une maison grande rue lui provenant de la succession d'Étienne Bourdaloue son père, grènetier, telle qu'elle est advenue à ce dernier, par partage fait entre lui et ses cohéritiers, de la succession de son père.

Le 21 novembre 1641 il abandonne aux chanoinesses du

---

1. La branche de la Noue seule fit précéder son nom patronymique de la particule.

Saint-Sépulcre le fief de Syon acquis par son père en 1608.

Le 17 février 1642 il reçoit de son oncle Antoine de Bourdaloue, à l'occasion de son mariage, les lieux et seigneuries de La Noue et Héry ; en 1670 il fournit avec lui le dénombrement de ces deux seigneuries et des Ygonnières ;

Le 1er novembre 1672 (Bon.), condescendant aux prières de François de Bourdaloue, écuyer, seigneur d'Héry, son fils qui désire entrer dans les ordres, et considérant que la volonté de Mgr l'archevêque est que nul ne peut être admis à la prêtrise sans posséder un revenu de 80 livres, il lui donne et délaisse le lieu de la Guichonnerye sur Reuilly et Saint-Pierre de Jars ;

Le 12 octobre 1684 (La Motte) il n'existait plus et ses biens étaient partagés entre Antoine de Bourdaloue, écuyer, seigneur de La Noue et Héry, noble et scientifique personne messire François de Bourdaloue, prêtre du diocèse de Bourges ; messire Étienne de Bourdaloue, prêtre-chanoine de l'église cathédrale de Bourges ; Claude de Bourdaloue, écuyer, seigneur de Fougery ; Catherine de Bourdaloue, fille majeure ; Marie de Bourdaloue, veuve de messire Charles Le Fuzelier : *en faveur de nos frères et sœurs, déclare-t-elle, me suis tenue au dot et mariage que m'avait donné mon dit père, après le décès duquel son testament nous a été donné par la dame supérieure du Saint-Sépulcre qui l'avait en dépôt.*

Un acte du 29 avril 1676 (T.) nous fait savoir que Catherine Gassot, femme du sieur Pierre Bourdaloue, perdit son premier mari, Gabriel Pinette, deux mois après son mariage, enceinte d'un posthume décédé quelque temps après l'accouchement.

D'où :

1° ANTOINE, écuyer, conseiller et maître-d'hôtel ordinaire et de quartier de son altesse royale madame, 1684 (Pes.), 1686 (T.), achète le 9 juin 1702 (T.) les droits de la succession de Silvain Boisquillon ; afferme la même année (T.) les métairies de la Noue, Héry, les Cresles ; vend, le 21 juin 1703 (Si.), pour 7 160 livres d'immeubles dont le prix est destiné à payer ses dettes et meurt en 1716 ainsi

qu'il résulte d'une notoriété du 28 février 1720, constatant qu'il est
décédé à la fin de l'année 1716, saisi de la succession de Claude de
Bourdaloue, écuyer, seigneur de Fougery son frère dont il est
héritier pour moitié et laissant lui-même pour héritiers, à la répu-
diation de Marie de Bourdaloue, dame de Cormeray, sa sœur,
Jacquette de Villantrois, femme de Gaspard Auger, et Catherine
Rousseau, femme de Gilles Dobin, avocat;

2° JACQUES, écuyer, sieur de Contres, capitaine d'une compagnie de
chevau-légers au régiment de M. le marquis d'Heudicourt;

3° FRANÇOIS (noble et scientifique), chevalier, seigneur d'Héry, juge
des appellations de la conservatoire apostolique de l'Université de
Bourges, (T.); seigneur de Beaumont; chanoine de l'église de
Bourges, 1703 (Ru.); reçoit de son père le 1er novembre 1672 (Bon.)
à titre de patrimoine religieux, le domaine de la Guichonnerie situé
à Reuilly et Saint-Pierre-de-Jars; cède le 15 mai 1698 (T.) aux
Hospitalières de Vierzon, 300 livres de rente dont l'amortissement
est fait le 29 août 1712 par Antoine de Bourdaloue sieur de la
Noue, comme étant aux droits de Marie de Bourdaloue, sa sœur;
*icelle héritière testamentaire de feu François de Bourdaloue, con-
jointement avec défunte Catherine de Bourdaloue, sa sœur, de
laquelle la dame de Cormeray (Marie de Bourdaloue) est aussi héritière.*

Il meurt le 30 décembre 1708 après avoir institué pour légataires
universelles ses deux sœurs, Marie et Catherine de Bourdaloue;

4° MARIE, qui suit;

5° ÉTIENNE (noble et scientifique personne), sieur de Contres, chanoine de l'église de Bourges, 1684 (T.); reçoit de son père, le
2 mai 1672 (T.), à valoir sur les droits lui revenant dans la succession
de Catherine Gassot sa mère, une maison à Bourges et meurt à
Paris, où il se trouvait pour les affaires du Chapitre, le 29 juin 1700.
Son frère François est nommé à sa place chanoine de Saint-Étienne
de Bourges;

6° CLAUDE, écuyer, sieur de Fougery, dont le domicile était à Paris, rue
Notre-Dame-des-Victoires, vend le 14 août 1701 (Ru.) le lieu de
Moulin-Neuf à Massay, moyennant 3 200 livres; afferme le 23 octobre 1707 (Ru.) le lieu des Augenets à Saint-Georges, et meurt
célibataire à Paris, âgé de soixante ans, le 18 avril 1715 (M. S. G.);

7° CATHERINE, mariée, le 30 août 1692 (M. S. G.), à Paul-Louis-Hugues
des Bans, chevalier, seigneur de Mareuil près Saint-Aignan, perd
son mari le 9 juin 1694 et meurt le 20 décembre 1710 (Ru.) après

avoir institué sa sœur Marie pour légataire universelle aux termes de son testament olographe du 21 juillet 1709.

III. Marie de **Bourdaloue** épousa le 21 février 1666 (T.) messire Charles Le Fuzellier, chevalier, seigneur de Cormeray et La Billaudière, fils de messire René Le Fuzellier et de défunte dame Louise d'Orléans demeurant en la paroisse de Tinay, assistée d'Antoine de Bourdaloue, écuyer, seigneur de La Noue; François de Bourdaloue, écuyer, seigneur d'Héry; Claude et Étienne de Bourdaloue, seigneur de Moulin-Neuf et du Marais, ses frères; Étienne de Bourdaloue, écuyer, seigneur de Saint-Martin, conseiller du roi, juge magistrat au siège présidial de Bourges, son cousin issu de germain et reçoit une dot de 33 000 livres.

Elle fait hommage de son fief d'Héry, 1704-1719; afferme le lieu de La Billauderie le 15 juin 1676 (T.); hérite de sa sœur Catherine en 1711; de son frère François en 1716 et meurt le 21 mai 1729, après avoir institué pour légataires universels de tous ses biens François-Robin Gassot de Rochefort, écuyer, demeurant à Bourges, et Robert Gassot, chancelier de l'église de Bourges, qui moururent tous deux en 1732 après avoir, par testaments des 17 et 30 août de la même année, légué à François Gassot de Rochefort, écuyer, demeurant à Bourges, leurs fiefs d'Héry du grand et du petit Bélon et des Ygonnières, le tout mouvant de Vierzon (C. L. 164). Le lieu seigneurial de La Noue dépendant de leurs successions était en roture.

BRANCHE DE LA POULLETERIE

I. Claude **Bourdaloue,** issu de Simon Bourdaloue qui était fils de Pierre et de Marie Tripet, épousa le 16 avril 1595 (Tables R.) Espérance *Poulet*, dame de La Poulleterie, à Allouis, déjà morte en 1618 (B.), et en secondes noces, devant Girault notaire à Issoudun, Jeanne *Girauldon* sœur de mes-

sire Claude Girauldon, chanoine en l'église de Saint-Cyr d'Issoudun et de messire Anne Girauldon, prêtre, curé de Saint-
Cyr d'Issoudun, tous trois héritiers de dame Philippe Lemant,
leur tante, femme de Guillaume Bigeot procureur à Vierzon.
Il mourut insolvable et les enfants du premier lit, assistés
d'Étienne Bourdaloue, lieutenant général, furent contraints de
donner, comme gage hypothécaire, aux créanciers de leur père,
le lieu de La Poulleterie.

Le 28 avril 1599 (B.), devant Bernard notaire à Mehun,
Claude Bourdaloue et Espérance Poulet sa femme avaient
vendu, conjointement avec Jean de Sainctes, marchand, et
Perette Durot sa femme, aïeux maternels de leurs enfants,
une maison à Mehun, moyennant 40 écus sol.

D'où :

1° Noël, qui suit ;

2° Gaspard, épousa en 1622 (*Revue du Centre,* mars 1884) Claude
  Leroy, fille de Jean, bourgeois de Paris et sœur de Jean Leroy de
  Bourguerolle, écuyer, seigneur de la Fontaine, demeurant à Éperné
  (*sic*), pays de Champagne ; en 1615 et 1618 il se donne pour aïeux
  maternels Jean de Sainctes marchand sur les ponts et Perrette
  Durot ; en 1628, dans un acte où il sert de témoin, il se qualifie
  bourgeois de la ville de Paris (R.).

  Sa femme n'existait plus le 17 juin 1649 (T.), date à laquelle le
  sieur de Bourguerolle, comme héritier de Claude Leroy sa sœur,
  s'accorde avec son beau-frère Noël Bourdaloue ;

3° Étienne épousa le 25 mars 1629, par contrat reçu Baraton notaire
  à Issoudun (T. 1634), Françoise Martin qu'il perdit peu de temps
  après son mariage, ainsi que sa fille Aymée, morte sans postérité.

II. Noël **Bourdaloue,** marchand chapelier à Vierzon, épousa
le 25 août 1630 (T.) Jacquette *Oudry* fille de Guillaume et de
Silvine Juillet, assisté d'une partie des membres de la branche
principale : Étienne Bourdaloue lieutenant général à Vierzon,
son cousin ; Jean Soupizet à cause de Françoise Bourdaloue
sa femme, Claude Richer notaire, Nicolas Chertier sergent
royal, ses cousins ; Madeleine d'Avesnes veuve de Pierre

Bourdaloue, sa marraine ; Jacquette Bourdaloue femme de
Raymond de La Rippe, Madeleine Bourdaloue femme de
Valleriau-Rousseau, ses cousins (voir branches du Breuil et
du Jeu-de-Paume). Jacquette Oudry était veuve dès 1673.

D'où :

1° CLAUDE, qui suit ;

2° MARGUERITE comparaît aux mariages de ses frères Claude et Jean,
1657-1673 ;

3° JEAN, marchand chapelier, épousa le 3 juillet 1673 (T.) Madeleine
Lebon fille de Claude et de Françoise Thébault, assisté de Claude
son frère et Marguerite, sa sœur ; sa fille unique, Marie, mourut le
10 janvier 1687, âgée de onze ans, laissant pour héritières ses tantes
maternelles ;

4° JACQUETTE se porte héritière de son oncle Gaspard en 1634 (T.) et
comparaît en 1657 au mariage de son frère Claude ;

5° MARGUERITE la jeune comparaît au mariage de son frère Claude en
1657.

III. Claude **Bourdaloue**, marchand chapelier à Vierzon
1670 (T.), épouse le 26 mars 1657 (T.) Madeleine *Boucher*,
fille de Simon tisseur en draps et de Marguerite Biot, assisté
de Silvine Feuillet veuve Oudry, son aïeule ; de Marguerite,
Jean, Jacquette et Marguerite la jeune, ses frère et sœurs ; de
Madeleine Rousseau femme de Michel de Dignan, sa cousine ;
il comparaît au mariage de son frère Jean en 1673, et afferme
des religieux de l'abbaye, le 27 août 1681 (T.), avec Jean son
frère, la maison du Gros-Chaillou telle qu'en a joui Jacquette
Oudry, sa mère et Denis Coueffé, son auteur, suivant bail
emphytéotique consenti par les religieux de ladite abbaye devant M° de Laujon notaire à Vierzon le 22 mars 1587 ; d'où
Perpétue Bourdaloue qui épousa le 25 juin 1697 (Riffé), à
Notre-Dame du Fourchaud, Gabriel Souchard, marchand,
fils de feu N... Souchard notaire aux Aix et d'Anne Cherrier.

BRANCHE DU BREUIL

I. Jacques **Bourdaloue**, marchand tanneur à Vierzon, fils, pensons-nous, de Guillaume et de Jeanne Morat, épouse le ..... Perpette *Couriou*, fille de Gabriel notaire et de Silvine Ganeau, cède, avec les cohéritiers de sa femme, le 14 novembre 1553 (p.), à Jean Adam praticien à Vierzon, moyennant 36 livres 13 sols 4 deniers, tous les papiers, registres notulaires, brevets et contrats que Gabriel Couriou a reçus de son vivant et qu'il tenait de Nicolas Lombus son prédécesseur à Vierzon, afferme, le 17 février 1582 (R.), une maison et grange touchant à la cour à Blanc et comparaît le 13 novembre 1594 (B.) au mariage de Jacques Bérault marchand tanneur, son petit-fils, qui est assisté de Catherine Bourdaloue veuve de Guillaume Lombus, sa grand'tante; aux termes de cet acte, il donne au futur une tannerie faubourg de la Porte de la rivière et un jardin près des buttes.

D'où :

1° CLAUDE, qui suit;

2° CATHERINE, épouse en premières noces Bonnet Audeau et en secondes noces, le 22 décembre 1594 (Tables R.), Jean Jahan marchand drapier; à la mort de son second mari, elle prend des engagements écrits pour une troisième alliance avec honorable homme Pierre Barathon, bourgeois d'Issoudun, beau-père de Michel Bourdaloue (branche d'Issoudun); mais le sieur Barathon recule au dernier moment, est assigné devant l'official de Bourges *pour estre ordonné que le mariage soit accompli* et il ne se tire de ce curieux procès qu'en abandonnant à Catherine Bourdaloue 200 livres qu'elle lui devait, moyennant quoi *la promesse qu'elle avait du sieur Barathon lui est rendue et demeure nulle.*

Le 15 mai 1610 (Gar.), conjointement avec Jean de Lavau son gendre, époux de Jeanne Audeau, elle fait l'acquisition, au carroir Notre-Dame, d'une maison que Jean de Sainctes, marchand tailleur d'habits, retire sur eux en 1611 par droit de retrait linager;

3° CYPRIANNE, née en 1547 (p.), épouse en premières noces Raoullet Bérault fils de Jacques et de Catherine Lombus; en secondes noces, le 21 juin 1573 (p.), Pierre de la Rippe, pâtissier boulanger, à Vier-

zon et en troisièmes, le 13 janvier 1587 (p.), Guillaume Lambert,
hôte du logis de la Croix-Blanche, tenant la poste pour le roi,
assistée de François Bourdaloue, son frère, et de Catherine Bourdaloue veuve Lombus, sa tante.

Le 13 novembre 1594 (p.) elle marie Jacques Bérault son fils à
Jeanne Bidault et le futur est doté par Jacques Bourdaloue, son
aïeul, d'une tannerie faubourg de la Rivière;

4° FRANÇOIS, marchand tanneur à la Ferté-Imbault, 1589, à Vierzon,
1594, épouse le ..... Marguerite Sauget, fille de Gilles et de
Marie Arragepied, comparaît avec elle le 9 avril 1595 (p.) au mariage de Perpette Dureau fille de Denis et de Barbe Arragepied, sa
cousine, assistée de Raymond Bourdaloue (branche de Mehun); le
3 juin 1602 (Rou.) au mariage de Jacques Sauget, son beau-frère; le
10 février 1608 (Rou.) à celui de Jacques Bourdaloue, son neveu.

Le 24 août 1607 (Gar.) il cède, avec Étienne Moret, à Jacques de
la Contesse, 15 livres de rente foncière sur une maison au carroir
Notre-Dame, en laquelle il demeure.

Sa veuve, le 11 août 1629 (Ba.), lègue 30 livres à sa petite-fille,
Marguerite Richer, fille de Nicolas, vitrier et de Nicole Bourdaloue,
pour les soins qu'elle lui a rendus et lui rendra.

II. Claude **Bourdaloue**, marchand à Issoudun, épousa
Jeanne *Gaultier* qui, à sa mort, reprit une seconde alliance
avec Pierre Pacault notaire à Graçay, ainsi qu'il résulte du
contrat de mariage de son fils Jacques du 10 février 1608; il
comparut en 1573 au mariage de Cyprianne Bourdaloue sa
sœur, et n'existait plus le 26 février 1597, date à laquelle son
fils vend, avec François Bérault son cousin et Catherine
Bourdaloue sa tante, une tannerie, faubourg de la Rivière (Ba.).

D'où :

1° JACQUES, qui suit;

2° Marie, sous la tutelle de François Bourdaloue, son oncle, en 1606
(R.), assiste au mariage de son frère Jacques le 10 février 1608,
épouse Gilles Bonneau, marchand à Reuilly, et marie sa fille
Jeanne le 5 août 1631 (T.) avec Simon Munier serviteur du sieur
de Méry.

III. Jacques **Bourdaloue**, clerc de M. Richer, 1585, domi-

cilié à Nohan-en-Graçay, 1606 (R.), marchand tanneur à
Vierzon, 1608-1611, fermier en partie de la seigneurie de
Quincy, 1626, fermier du sol pour livre à prendre sur la
vente des cuirs de la ville et faubourgs de Vierzon 1638 (Ba.),
épouse le 10 février 1608 (Rou.) Marie *Joubert*, fille de Claude
et de Anne Boucher, de Vierzon, demeurait en 1611 au Chastel, en une maison près les murailles de Syon « où souloit
estre bastye la maison de Chevilly et l'eschalier de Claude
Moret l'aîné ».

Il était veuf le 8 juillet 1626 et tuteur de ses enfants et de
défunte Marie Joubert (T.).

D'où :

1° CLAUDE, qui suit;

2° CATHERINE épouse Philippe Ragueau, reçoit en dot de Jacques Bourdaloue son père une somme de 2 100 livres et meurt sans enfants,
laissant son frère pour seul héritier.

IV. Claude **Bourdaloue,** marchand tanneur à Issoudun,
1631 (T.) à Selles-sous-Linières, 1654 (T.); seigneur de la
Collinerye, 1642 (Ba.); épouse Catherine *Armenault*, fille de
Jacques bourgeois d'Issoudun, vend, le 1er juillet 1664 (B.),
aux chanoinesses du Saint-Sépulcre, une maison au chastel
moyennant 400 livres, et était mort en 1667 ainsi qu'il résulte
d'un acte aux termes duquel Jacques Armenault, comme tuteur
des enfants mineurs de son gendre, cède une rente constituée au
profit de Jacques Bourdaloue, aïeul desdits mineurs, le 21 mars
1631 (B.).

D'où :

V. Claude **Bourdaloue,** bourgeois à Issoudun, 1675-1688,
seigneur du Breuil-Tournay, fils de défunt Claude qui l'était
de Jacques (B. 1676), épouse en premières noces, le ....,
Anne *Rousseau*, fille de Nicolas, sieur de La Planche, et en
secondes noces, le 16 janvier 1688, devant Cosson notaire à

Bourges, Catherine *Burlet,* fille de honorable homme sire Claude Bùrlet marchand apothicaire et de Jeanne Cousturié, demeurant à Bourges, en présence de François Rousseau écuyer sieur de Bellisle, son cousin, avec stipulation *que la communauté qui est entre lui et ses enfants du premier lit sera dissoute avant la solemnisation du mariage et que lesdits enfants seront nourris et entretenus par le revenu de leurs biens jusqu'à ce qu'ils aient atteint l'âge de vingt ans.*

Il afferme, le 20 juin 1680 (T.), une maison au carroir des Bans lui venant de la succession de Claude son père, et de Catherine Armenault sa mère, cède, le 30 janvier 1690 (Rou.), comme tuteur de Claude, François et Marie, ses enfants du premier lit, le droit qu'il possédait sur une maison ruinée par le terrible incendie de 1685, dans lequel tout un quartier de Vierzon fut détruit (V. E. 452) et n'existait plus en 1704.

D'où :

PREMIER LIT

1° CLAUDE, qui suit ;

2° FRANÇOIS, bourgeois de Vierzon, en 1706 ;

3° MARIE, épouse en premières noces, le 7 juin 1704, Pierre Loyseau marchand chirurgien au bourg de Saint-Genou, fils de Jacques, vivant marchand drapier à Vierzon et de Jeanne de Vannes, alors femme de Nicolas Rousseau sieur de la Planche, et en secondes noces, le 26 février 1726 (Rou.), Antoine Fénion, garde des forêts du roi en la maîtrise de Vierzon ; elle marie son fils, Nicolas Loyseau, le 29 octobre 1732 à Jeanne Gouard, fille de Jean et de Françoise de Villechabrolle (Rou.) et sa fille Marie, le 8 janvier 1742 (Morat), à Claude Richer garçon chirurgien veuf de Marguerite Delaune, en présence de François Geoffrenet, son cousin ;

DEUXIÈME LIT

4° GUILLETTE, baptisée à St-Pierre de Bourges le 4 novembre 1688 : parrain, Guillaume Gigot, chanoine du Château ; marraine, Jeanne Cousturier, aïeule maternelle, femme de Claude Burlet ;

5° MARIE, baptisée à St-Pierre de Bourges le 22 octobre 1689 ; parrain, Étienne Cousturier, docteur en médecine ; marraine, noble dame Marie Desbans, femme de noble François Rousseau de Bellisle, chanoinesse du Saint-Sépulcre de Vierzon (1710-1745) ;

6° CLAUDE, baptisé à St-Pierre de Bourges le 18 février 1692; parrain, Claude Allabat, apothicaire; marraine, Renée Burlet, femme de Pierre Cosson, notaire royal;

7° FRANÇOISE, baptisée à St-Pierre de Bourges le 12 août 1701; parrain, Charles Cousturier, ci-devant mousquetaire du roi, fils d'Étienne, docteur en médecine; marraine, Françoise Poupardin, femme de Paul Ragueau, sieur du Chezeau, écuyer, avocat en Parlement; épousa le 11 janvier 1716 (Riffé) Louis Passelier de Buxière, bourgeois de Bourges, directeur des affaires du roi, fils de Martin sieur de Buxière et de Madeleine Desageot;

8° LOUISE, mariée à Pierre-Antoine de Rancy, bourgeois d'Issoudun.

VI. Claude **Bourdaloue,** employé des affaires du roi à Issoudun, 1709, cède à cette date une rente de 50 livres lui provenant de Claude son père au profit duquel elle avait été constituée le 3 juillet 1677 (s.), et se dit, le 8 juillet 1715, héritier avec François et Marie Bourdaloue, de Claude Bourdaloue et de Françoise Rousseau, ses père et mère.

BRANCHE DU JEU DE PAUME

I. Pierre **Bourdaloue,** marchand bourgeois de Vierzon (La Motte), 1601; fermier de l'abbaye, 1586 (P.), épouse le 21 juin 1581 (Tables P.) Madeleine d'*Avesnes* fille de Jean, marchand bourgeois au bourg d'Yeu à Châteauroux et de Madeleine Legier; reçoit le 17 janvier 1601 (B.), dans le partage de Balthazar d'Avesnes son beau-frère, chevaucheur de l'écurie du roi, une maison à Châteauroux et la place où est commencé le Jeu de Paume, plus des rentes; afferme le 12 avril 1607 (B.) un moulin à draps qu'il a naguère fait construire sur la rivière de Théo et achète le 10 juillet 1610, avec son frère Étienne, du sieur Villain, le grand pré de Palleau, contenant dix arpents situé à Lury.

Sa veuve, par acte du 1er juillet 1626 (T.), donne à Resmond de la Rippe et Jacquette Bourdaloue 21 livres 17 sols de rente, à Jean Soupizet et Françoise Bourdaloue, une maison proche la Croix-Blanche, à Claude Morisset et Perpette Bourdaloue, le lieu de la Guétinière pour 600 livres; lesdites sommes, afin d'égaliser ses trois filles avec Pierre, Madeleine, et Claude Bourdaloue, ses autres enfants.

D'où :

1° JACQUETTE, épouse le 4 août 1602 Raymon *de la Rippe*, fils de Pierre et de Cyprienne Bourdaloue (Gar.), assistée de Madeleine Légier, son aïeule maternelle, Jacquette Puyperron, femme de Me Claude Bourdaloue, avocat au siège présidial de Bourges; Me Michel Bourdaloue, receveur au grenier à sel d'Issoudun; Me Étienne Bourdaloue, receveur au grenier à sel de Vierzon, ses oncles; Étienne Bourdaloue, son frère écolier, Marie Bourdaloue veuve de Pierre Guymon, Catherine Bourdaloue femme de Ursin Donnemain, Jeanne Bourdaloue femme de Nicolas Damours, ses tantes; le futur était assisté (voir branche du Breuil) de François Bourdaloue, son oncle, Jacques Bérault, son frère maternel, Michel Gléneux et Madeleine de la Rippe, ses frère et sœur; le 20 janvier 1612 elle assiste au mariage de sa sœur Perpette. Enterrée en 1660 en la chapelle N.-D.-de-Pitié de Vierzon;

2° FRANÇOISE, épouse le 14 septembre 1608 (R.) Jean *Soupizet*, fils de feu prudent homme Joseph, maître d'hôtel à la Croix-Blanche et de Jeanne Lecœur, assistée des mêmes parents que sa sœur Jacquette;

3° PERPETTE, épouse le 20 janvier 1612 (R.) Claude *Morisset*, marchand à Valençay, fils de Claude vivant bourgeois demeurant à Valençay et de Catherine Maillard et reçoit en dot 900 livres; elle marie le 4 août 1650 (B.) Claude Morisset, son fils, chirurgien, avec Marie Barat fille de André et de Marie Henry;

4° ÉTIENNE, bailli de Levroux, 1624 (R.), épouse, devant Cousturier notaire à Bourges, le 4 septembre 1616, Catherine Guesnier et reçoit une dot de 3 000 livres sur laquelle il lui est attribué, pour 2 000 livres, une maison et censif à Châteauroux et le *Jeu de paume;* cette attribution donna lieu à de violentes discussions, et, à sa mort arrivée quelques années après son mariage, sa veuve engagea contre sa belle-mère un procès tendant à obtenir des lettres de rescision, fondant ses moyens sur ce que, par la crainte paternelle et honneur qu'il devait à ses parents, son mari aurait été contraint de prendre lesdits héritages et de libérer ses père et mère de la somme de 2 000 livres qu'ils lui devaient du reste de son contrat de mariage; sur l'intervention d'Étienne Bourdaloue grènetier et d'Étienne Bourdaloue lieutenant général, une transaction fut signée et Catherine d'Avesnes abandonna 1 050 livres à sa bru en faveur des enfants issus de son mariage avec Étienne Bourdaloue ;

D'où plusieurs enfants, les uns morts en bas âge, les autres sans descendants.

Catherine Guesnier, sa veuve, reprit en 1644 une nouvelle alliance avec Gilles Heurtault, docteur en médecine (Riffé);

5° PIERRE, marchand bourgeois, 1616 (R.), épouse devant Durez notaire à Mehun, le 8 janvier 1623, Françoise *Bourdaloue* (Ba.) et reçoit de sa mère, le 19 mai 1623, pour les 900 livres restant à lui payer par les promesses contenues audit contrat de mariage, tous les droits appartenant à la donatrice en une maison, Grande Rue et rue du Marché-au-Vin, qu'elle a acquise de la dame Damours, de Jeanne, Catherine et Madeleine Bourdaloue, ses belles-sœurs. Il n'existait plus le 18 mai 1628 ;

6° MADELEINE, née en 1592, épouse le 4 juin 1617 (B.) Valérien *Rousseau*, marchand bourgeois, puis conseiller du roi, receveur au grenier à sel de Vierzon, fils de Joseph sieur de la Cresle et de Marie de Saint-Amand, assisté d'Étienne, Pierre et Claude Bourdaloue ses frères, veuve le 14 juin 1643 (R.);

7° CLAUDE, qui suit.

II. Claude **Bourdaloue,** marchand apothicaire à Vierzon, 1625, épouse Claude *Chatillon* et reçoit de sa mère, Madeleine d'Avesnes, une dot de 1 500 livres, dont le reliquat lui est payé le 10 mars 1623 à l'aide d'une rente de 12 livres 19 sols (R.); il n'existait plus le 21 mai 1625 ; sa veuve, en 1628, était remariée à Balthazar Guignard (Ba.).

D'où :

1° MARIE, épouse Michel Pesneau, marchand à Valençay, se qualifie en 1646 (T.) fille de Claude, petite-fille de Pierre et de Madeleine d'Avesnes et allie sa fille, Marie, à François Corset, greffier du bailliage de Valençay (T.);

2° MARIE la jeune, épouse François Bartholy maître brodeur à Bourges (T. 1674);

C'est ce qui résulte d'une reconnaissance faite le 30 septembre 1674 aux deux sœurs, de 53 sols de rente constituée au profit de Pierre Bourdaloue leur aïeul, par contrat reçu Bailly le 24 février 1588 (T.).

BRANCHE D'ISSOUDUN

I. Michel **Bourdaloue**, sieur de la Pouzerie et de l'Espine, sous l'autorité, en 1588, de Claude Bourdaloue son oncle marchand teinturier à Vierzon, capitaine (M. S. H.), receveur au grenier à sel d'Issoudun, 1594-1601 (Bois., La Motte), receveur des consignations, même ville, 1610 (R.), bourgeois d'Issoudun, 1616-1620 (R.), épousa en premières noces Marie *de Valentienne* (M. S. H.), et, en secondes noces, *Marie* Barathon fille d'honorable homme Pierre Barathon bourgeois d'Issoudun, assista au mariage de son frère Étienne en 1601 et mourut le 24 septembre 1622 (M. S. H.).

Sa veuve figure dans une reconnaissance de rente du 27 décembre 1620 (T.) et constitue, en 1632, 50 livres de rente foncière au profit d'Étienne Bourdaloue, sieur de La Noue, intendant de Mgr le duc de Guise (Bois.).

Michel Bourdaloue parvint à terminer l'épineuse affaire suivante concernant son beau-père :

12 janvier 1608 (Rou. 66), accord entre honorable homme Michel Bourdaloue bourgeois d'Issoudun, comme se portant fort pour honorable homme Pierre Barathon bourgeois d'Issoudun, son beau-père, et Catherine Bourdaloue veuve de Jean Jahan demeurant à Vierzon, c'est à savoir qu'ils se sont entrequittés des promesses de mariage ci-devant faites entre ledit Barathon et ladite Bourdaloue, lesquelles promesses étaient par écrit sous leur seing et assignation données audit Barathon par devant l'official de Bourges, pour estre ordonné que ledit mariage soit accompli pour et moyennant que ledit Bourdaloue, ès noms, a promis faire descharger ladite Bourdaloue de la somme de 200 livres sur plus forte somme qu'elle devait au sieur Barathon, qui était la somme de 312 livres, dont restera à payer audit Barathon la somme de 112 livres et oultre ledit Bourdaloue, ès dit nom, a promis et s'est obligé envers ladite Catherine de l'acquitter et décharger des sommes pour lesquelles elle s'est obligée envers ledit Barathon et a, ladite Bourdaloue, rendu audit Michel Bourdaloue la promesse qu'elle avait du sieur Barathon et qui est demeurée nulle.

(Voir pour Catherine Bourdaloue la branche du Breuil.)

D'où :

1° JEAN, qui suit;

2° CATHERINE comparaît le 27 janvier 1619 (B.) au mariage de Marie
Lecœur fille de Jean notaire royal à Graçay et de Marie Dupont
avec Michel Pineau, sergent royal; elle se qualifie fille de Michel;

3° MICHEL (M. S. H.);

4° MARIE (*Ibid.*);

5° PIERRE (*Ibid.*);

6° MARGUERITE (*Ibid.*);

7° CLAUDE (*Ibid.*);

8° ÉTIENNE, contrôleur à la Châtre, donne pouvoir le 8 mars 1602
(Rou.) de payer à la reine Louise, douairière de France, duchesse
de Berry, 5o écus pour la résignation qui lui aurait été faite dudit
office de contrôleur par M⁰ Jean Charlemagne.

II. Noble Jean **Bourdaloue,** sieur de la Pouzerie, avocat
en parlement, épousa Françoise *Perrot,* fille de Claude sieur
de Puygiron, bourgeois d'Issoudun et de Jacquette Heurtault,
ils sont rappelés tous deux dans le contrat de mariage de leur
fille Marie, contrat qui contient les signatures de : Le Tellier,
Bourdaloue, Dumont, Tixier, Bernard, de La Chastre, Bernard, Brossard, Guénois.

L'un des Bernard devait être Jacques Bernard, sieur des
Bergeries, marié à Jacquette Bourdaloue.

D'où :

1° MARIE, épouse en premières noces, en la paroisse de St-Cyr d'Issoudun, le lundi 13 avril 1671, Nicolas le Tellier, écuyer sieur du Chezeau, capitaine au régiment de Normandie, capitaine des chasses et
maître des eaux et forêts de la baronnie de Ste-Sevère, fils de Léon
Le Tellier, conseiller du roi et receveur des tailles de la ville de
la Châtre et de Michel Guéry, et en secondes noces, en la même
paroisse, Claude de la Chastre, écuyer, seigneur du Plais, paroisse de
St-Hilaire, fils de feu Claude de la Chastre, écuyer, sieur du Plais,
et d'Antoinette Soumard ;

2° JACQUETTE, épouse Jacques Bernard sieur des Bergeries, lequel marie
sa fille, Marie Bernard, à honorable Michel Audoux, avocat en parlement, fils de feu Georges, sieur de Villejanvé, et de Marguerite
Thomas.

BRANCHE DE MEHUN

La branche de Mehun a la même origine que la tige principale de Vierzon, car des liens de parenté bien établis existent
entre les Bourdaloue de ces deux villes ; nous pouvons en fournir quelques preuves :

> Le 29 août 1571, au mariage de Mᵉ Claude Bourdaloue, sieur du Bou-
> chet et de St-Martin-des-Las, fils de Claude l'aîné marchand bour-
> geois de Vierzon, comparaît Guillaume Bourdaloue marchand à
> Mehun.
>
> Le 3 juillet 1596 (Rou.) au mariage de Jean Lombus, apothicaire à
> Vierzon, fils de prudent homme Guillaume et de Catherine Bour-
> daloue avec Panthalise Rousseau, fille de Jean et de Marie Bour-
> daloue (de la branche principale de Vierzon), comparaissent, *comme*
> *cousins*, Claude Bourdaloue marchand tanneur à Mehun et Jeanne
> Bourdaloue femme de Nicolas Ragueau sergent des forêts, l'un et
> l'autre enfants de Guillaume Bourdaloue et de Marguerite Brouard
> (branche de Mehun).
>
> Le 13 novembre 1616, au mariage de Christophe Bourdaloue, mar-
> chand à Mehun, fils d'Antoine, comparaît, *comme cousin*, noble
> Étienne Bourdaloue, lieutenant civil et criminel au bailliage de
> Berry et siège de Vierzon.

Le lien entre les deux branches est donc indiscutable ; mais
l'époque à laquelle se produisit la division de ces deux branches
reste inconnue.

RAMEAU DES PRÉAUX

I. Raymon **Bourdaloue**, marchand à Mehun, qualifié
père de Guillaume en 1553 (P.), comparaît en 1554 (Bois.)
au mariage de Pierre Bigeot avec Nicolas Bouguier de Mehun,
comme aïeul de la future.

D'où :

II. Guillaume **Bourdaloue**, marchand à Mehun, 1566-1571,
domicilié au carroir des bans de cette ville en 1573 (P.), fils de
Raymon, épouse en 1553 Marguerite *Brouard*, fille de Martin
et de Catherine Tribert, comparaît le 25 août 1571 au mariage

de Claude Bourdaloue, avocat au présidial de Bourges; cède le 13 octobre 1553 (P.) avec Marguerite sa femme, à Antoine Touzelet, marchand hôtelier à l'enseigne de Saint-Martin de Vierzon et à ladite Catherine Tribert, remariée au sieur Touzelet *homme riche et opulent en biens* (P. 1577), tous les héritages, rentes, droits et autres biens recueillis par ladite Marguerite Brouard dans la succession de son père et plus amplement décrits par les lettres de son contrat de mariage passé en 1553, *moyennant certaine grande somme de deniers*, et comparaît le 7 février 1566 (P.) au second mariage de son beau-père Antoine Touzelet avec Marguerite Lombus.

D'où :

1º JEANNE, épouse François Ragueau, sergent royal à Bourges et était veuve en 1616 lorsqu'elle comparut au mariage de son neveu Christophe Bourdaloue, d'où François, baptisé à St-Bonnet de Bourges en 1583;

2º RAYMON, procureur du roi à Mehun, 1616, époux de Catherine de Boisrouvray, *auteur du Rameau de la Mouline et de l'Hôtel de la Pucelle;*

3º FRANÇOIS, fils de Guillaume et de Marguerite Brouard, épouse le 25 janvier 1598 (Gar.) Madeleine de la Varenne veuve de Claude Légier, fille de François et de défunte Jacquette Gaultier, en présence de ses frères et sœurs, comparaît au mariage de son neveu Christophe en 1616, habite à Vierzon en 1626, date à laquelle sa femme reprend le bail de tous les héritages saisis sur lui et désignés dans l'affermage de ces biens fait au siège de la prévôté de Mehun le 6 juin 1626;

4º ANTOINE, qui suit;

5º CATHERINE, épouse Pierre Chenu et comparaît au mariage de son frère François en 1598;

6º CLAUDE, marchand tanneur à Mehun, épouse Marie Sartiault le 5 octobre 1585 (Tables P.), vend avec elle le 24 janvier 1604 (Rou.) le lieu et métairie de la Bellinière acquis par Denis Sartiault de Christophe Brouard le 30 août 1566, et comparaît le 25 janvier 1598 au mariage de son frère François.

III. Antoine **Bourdaloue**, marchand à Mehun, 1594-1598,

époux de Marie *Parthon*, 1616-1631, comparaît au mariage de son frère François en 1598 :

Ses biens et ceux de sa femme sont partagés devant le prévôt de Mehun entre leurs enfants ainsi qu'il est relaté dans la donation faite par François Bourdaloue, son fils, le 12 mai 1617 (T.).

D'où :

1º ANTOINE, époux de Jeanne Thevenin, marchand à Mehun, comparaît au mariage de son frère Christophe en 1616; sa veuve est marraine en 1657 de Denis Blondeau, fils de Jacques et de Françoise Bourdaloue;

D'où Françoise, femme de Jacques Blondeau, qui fait hommage à Mehun en 1669 du fief de la Palouette venant de ses propres;

2º FRANÇOISE, femme de Jean Delys notaire royal à Vierzon, n'existait plus en 1651 et laissait pour héritières ses deux filles, Catherine et Françoise Delys;

3º CHRISTOPHE, qui suit;

4º CATHERINE, femme de Pierre Biou, receveur au siège de Graçay, comparaît en 1616 au mariage de son frère Christophe;

5º MARIE, femme de Nicolas Moret marchand tanneur à Mehun, comparaît en 1616 au mariage de son frère Christophe;

6º FRANÇOIS, écolier, étudiant en l'Université de Bourges, donne le 12 mai 1617 (T.) tous ses biens à son neveu Christophe Moret, pour l'amitié qu'il lui porte, puis il révoque cette donation le 12 novembre de la même année.

IV. Christophe **Bourdaloue**, marchand à Mehun, épouse le 13 novembre 1616 (R.) Françoise *Blondeau*, fille de François, marchand tanneur à Vierzon et d'Isabelle Thaureau, en présence de Raimon Bourdaloue, procureur du roi à Mehun, Claude et François Bourdaloue, marchands à Mehun, Jeanne Bourdaloue veuve de Nicolas Ragueau, ses oncles et tante, Marie Bourdaloue femme de Nicolas Moret, Catherine Bourdaloue femme de Pierre Biou, Antoine Bourdaloue et François Bourdaloue, ses frères et sœurs; noble Étienne Bourdaloue procureur du roi, lieutenant général à Vierzon, Antoine Bourdaloue praticien à Mehun, ses cousins; on le trouve fixé à

Bourges en 1641 (t.) et il meurt le 22 septembre 1649 (Riffé).

D'où :

1° François ;
2° Jeanne ;
3° Moreau ;
4° Claude ;
5° Jeanne, la jeune ;
6° Louise ;
7° Simon, qui suit.

V. Noble Simon **Bourdaloue**, sieur des Préaux, avocat en parlement, 1650 (Gar.), prévôt des prévôtés royales de Mehun et Saint-Laurent, 1654-1656, l'un des trente-deux conseillers de la maison commune de la ville de Bourges où il demeure, paroisse Saint-Médard, nommé par Sa Majesté sieur des Préaux, épouse Louise *Tourpin*, fait hommage, le 3 novembre 1656, à la grosse tour de Mehun, du lieu des Préaux lui provenant de la succession de sa mère, renouvelle cet hommage en 1670, constitue, le 9 janvier 1673 (t.), au profit des hospitalières de Vierzon, 30 livres de rente sur le lieu de La Chaussée conjointement avec son fils Jean pour lequel seul la constitution a été faite, et vend le 8 avril 1656 (Gar.) à Jean de Lavarenne son office de juge, garde des prévôtés royales de Mehun et Saint-Laurent, avec une maison à Mehun jouxtant celle d'Antoine Bourdaloue vivant procureur du roi au même lieu.

D'où :

1° Gilles, sieur de Corboy, officier de cavalerie, né à Mehun le 6 novembre 1655 ;
2° André, baptisé en 1657, ayant pour marraine Marie Rousseau femme de noble Claude Bourdaloue sieur de Beauchêne, épouse en 1682 Françoise Legry veuve de Pierre Gabard (Riffé), se dit fils de Simon et de Louise Tourpin et laisse pour enfants Simon, baptisé le 10 août 1683, Louise, le 27 novembre 1692 ;
3° Louise, baptisée en 1658, épouse François Béchereau fils de Jean-François, sieur des Vergers, commissaire de la maréchaussée provinciale ;
4° Jean, qui suit ;
5° Françoise, baptisée en 1667 (Riffé).

VI. Jean **Bourdaloue,** conseiller du roi, lieutenant général à Mehun, avocat en parlement à Bourges, 1689, sieur des Préaux et de La Chaussée, épouse en premières noces, devant M⁰ Poussard notaire à Mehun, le 12 janvier 1672, Perpétue *Béchereau*, fille de René et de Jacquette de La Varenne et, en secondes noces, à Bourges, le 12 juin 1694, Perrette *Jacquier;* fait hommage du moulin des Préaux en 1682 et 1686 et amortit le 15 juin 1691 la rente de 3o livres constituée par son père en 1673.

D'où :

1⁰ MARIE, femme de Bonnet de Sarzay, grènetier au grenier à sel de St-Amand, fait hommage en 1713 et 1717 de la métairie des Préaux lui venant de la succession de Jean Bourdaloue lieutenant général à Mehun, son père ;

2⁰ RENÉ, qui suit ;

3⁰ JEAN, sieur de la Chaussée, fils de Jean (Riffé, 1714), rend hommage du moulin des Préaux en 1714.

VII. René **Bourdaloue,** sieur des Préaux fils de Jean, baptisé à Saint-Jean-le-Vieil de Bourges en 1710, fait hommage du moulin des Préaux en 1717 (Riffé).

RAMEAU DE LA MOULINE

I. Raymon **Bourdaloue**, procureur du roi au siège de Mehun, 1594-1612, fils de Guillaume et de Marguerite Brouard, époux de Catherine *de Boisrouvray* (Riffé), comparaît comme cousin germain au mariage d'Étienne Parthon, fils d'Étienne, le 30 mai 1594 et, comme oncle, au mariage de Christophe Bourdaloue en 1616.

D'où :

1⁰ MARGUERITE (M. S. H.) ;

2⁰ CLAUDE, capucin (*Ibid.*) ;

3⁰ SIMON, capucin (*Ibid.*) ;

4⁰ ANTOINE, qui suit (*Ibid.*).

II. Antoine **Bourdaloue**, écuyer, seigneur de Gaudebert, conseiller et procureur du roi à Mehun, époux de Hélène *Gougnon* dame de La Mouline en partie, fille de Jacques, écuyer, sieur de La Mouline et de Marguerite Geneviève Bigot, achète le 5 décembre 1639 (T.) la métairie de Jarry à Allouis; en 1650, de René Béchereau, l'office de conseiller et avocat du roi (Poussard, notaire à Mehun), et n'existait plus en 1661 (Riffet; — Bois.).

D'où :

1° MADELEINE assiste en 1663 au mariage de son frère et rend hommage en 1669 à la grosse tour de Mehun, de moitié du fief de la Mouline;

2° PIERRE RAYMON, qui suit;

3° ANTOINE assiste en 1664 au mariage de son frère.

III. Noble Pierre Raymon **Bourdaloue**, écuyer, conseiller et procureur du roi à Mehun, fils d'Antoine, épouse le 20 décembre 1663, devant Poussard notaire à Mehun, et à l'église, le 12 janvier 1664, Marie *Béchereau* fille de Nicolas, avocat en parlement et de Perpétue Vermeil, en présence d'Hélène Gougnon, sa mère, veuve d'Antoine Bourdaloue, Antoine et Madeleine Bourdaloue, ses frère et sœur et rend hommage à la grosse tour de Mehun en 1670 de l'*Hôtel de la Pucelle*[1], dont Jean Béchereau avait acquis une partie le 10 octobre 1609 de Jacques de Crosses.

D'où :

1° JEAN, qualifié fils de Marie Béchereau en 1669 ;

2° NOBLE ANDRÉ, sieur de la Mouline, avocat en parlement, 1680, conseiller du roi et lieutenant de robe longue, 1695 ;

---

1. Le vingt-deuxième volume de la Société des antiquaires du centre contient un curieux article sur les origines de cette maison; M. de Boismarmin, auteur de l'étude, croit pouvoir identifier l'hôtel de la Pucelle avec celui habité au quinzième siècle, près la porte Barbarin, par Regnaud Thierry, chirurgien du roi, qui aurait reçu en son logis et à sa table Jeanne d'Arc pendant les séjours qu'elle fit à Mehun, l'aurait suivie dans son expédition de Saint-Pierre-le-Moutier, et déposa en sa faveur pendant l'instruction de son procès. Cette maison, aujourd'hui, a pour enseigne : Hôtel Charles VII.

3⁰ Hélène, épouse en 1692 Vincent Vermeil, bailli de la justice de Mehun, avocat en parlement, 1715, fils de noble Charles, lieutenant particulier à Mehun et possède en propre une maison près la porte Barbarin à Mehun. Louis Vermeil son fils, bourgeois de Mehun, fait en 1740 l'aveu de moitié de l'hôtel de la Pucelle en qualité d'héritier d'Hélène Bourdaloue, sa mère ;

4⁰ Pierre Raymon, qui suit ;

5⁰ Perpétue, épouse le 1ᵉʳ novembre 1698 Esme Goutelle, avocat en parlement, fils de François, avocat en parlement et de Anne Pornin, assistée de Charles-Antoine Béchereau, conseiller du roi et receveur des consignations au bailliage de Mehun, son oncle, Gaspard Thaumas de la Thaumassière, écuyer, conseiller du roi, docteur agrégé en l'Université de Bourges et Marie Bengy, sa femme, ayant le germain sur la future[1].

IV. Pierre Raymon **Bourdaloue,** receveur des revenus patrimoniaux et octrois de la ville de Mehun, fait hommage en 1717 de l'hôtel de la Pucelle et meurt le 18 novembre 1739 (Riffé).

V. René-Isaac **Bourdaloue,** conseiller du roi et premier accesseur, fils de Pierre Raymon, épouse le 29 janvier 1750 Marie *Rossignol,* est nommé le 1ᵉʳ juillet 1765 à la recette des revenus patrimoniaux et octrois de la ville de Mehun, reprend une seconde alliance en 1775 avec Madeleine *Pineau* et meurt le 18 octobre 1779.

BRANCHE EXISTANTE

MAIS QU'ON NE PEUT RELIER A LA FAMILLE DU PRÉDICATEUR

I. Pierre **Bourdaloue,** marchand parcheminier, époux de Anne Charlemagne, n'existait plus en 1694.

D'où :

1⁰ Jean, qui suit ;

2⁰ Jeanne assiste au mariage de Jean, son frère, en 1693 et épouse, en

---

1. Gaspard Thaumas de la Thaumassière est l'auteur bien connu de l'*Histoire du Berry,* publiée à Bourges en 1689.

l'église de St-Pierre-le-Marché de Bourges, le 22 novembre 1694,
Silvain Jouffin, marchand boucher à Mehun ; elle se dit fille de
Pierre et d'Anne Charlemagne.

II. Jean **Bourdaloue,** marchand parcheminier, épouse le
3 novembre 1693, à Saint-Pierre-le-Marché, Solange *Tassin,*
fille de Nicolas et de Jeanne Sigonneau (Riffé), et décède le
17 août 1731 bedeau de l'Université de Bourges.

D'où :

1º Nicolas, marchand bonnetier à Bourges, baptisé le 2 avril 1695,
   épouse le 26 août 1740 (Morat) Madeleine Merceret, fille de Gaspard et de Madeleine Theurier, assisté de Louis et de François, ses
   frères, apporte en mariage 2 200 livres et décède le 17 mai 1756 ;

2º François, marchand à Bourges, assiste en 1740 au mariage de son
   frère Nicolas ;

3º Jean, baptisé en 1696, qui suit ;

4º Marie, baptisée le 24 juillet 1697, épouse, le 13 novembre 1728,
   Étienne Allaume, veuf de Marie Valledon ;

5º Louis, baptisé le 4 août 1698 ;

6º Marie, baptisée le 9 août 1701 ;

7º Reine, baptisée le 17 septembre 1702 ;

8º Jean, baptisé le 11 janvier 1709 ;

9º Nicolas, baptisé le 4 février 1713 ;

10º Louis, baptisé le 25 mai 1714 ;

11º Solange, épouse le 28 juin 1738 Jean Vitois, marchand, fils de
    Germain et de Madeleine Bigeot, en présence de Louis l'aîné, Louis
    le jeune, Nicolas l'aîné, Nicolas le jeune et François, ses frères
    (Riffé).

III. Jean **Bourdaloue,** baptisé en 1696, ayant pour marraine Marie Bourdaloue femme de Jean Grandfond marchand
boucher, épouse Jeanne *Lemoine* et meurt en 1773.

D'où :

1º Solange, baptisée en 1730 ;

2º Nicolas l'aîné, baptisé en 1731 ;

3º François, baptisé en 1732 ;

4º Nicolas le jeune, baptisé en 1734, qui suit ;

5º Solange, baptisée en 1735 ;

6º Jeanne, baptisée en 1736 ;

7° BENJAMIN, baptisé en 1738 ;

8° MARIE, baptisée en 1739 ;

9° ÉTIENNE, baptisé en 1742.

IV. Nicolas **Bourdaloue,** marchand tanneur et corroyeur, épousa Marie *Paulier.*

D'où :

1° JEANNE, baptisée le 7 avril 1765 ;

2° JOSEPH-FRANÇOIS, baptisé en 1767 ;

3° JEAN-JOSEPH, baptisé en 1768, qui suit ;

4° MARIE, baptisée en 1769 ;

5° FRANÇOISE, baptisée en 1771 ;

6° JEANNE, baptisée en 1773 ;

7° FRANÇOISE la jeune, baptisée en 1775 ;

8° CATHERINE, baptisée en 1776 ;

9° PIERRE, baptisé en 1778.

V. Jean-Joseph **Bourdaloue,** professeur à Bourges, 1792, puis principal du collège de Châteauroux, officier d'Académie, épousa Adélaïde *Boutin,* fille de Jean, receveur de l'Enregistrement.

Au moment de la réorganisation du collège de Bourges, en 1792, il demande que la chaire de sixième lui soit attribuée ; on le nomme d'abord sans traitement, puis, le 2 octobre 1792, professeur titulaire de quatrième ; et, dans la séance du 5 octobre, il prononce son discours de remercîment (A.-L. 97).

D'où :

1° PAUL-ADRIEN, ingénieur, directeur du nivellement général de la France, chargé des premières études ayant établi la possibilité du canal de Suez, officier de la Légion d'honneur, de St-Maurice et de St-Lazare de Sardaigne, commandeur du Lion néerlandais, officier de l'Aigle rouge de Prusse, etc. ; auteur d'un procédé de nivellement adopté par les ponts et chaussées, mort célibataire à Bourges. C'est à lui que l'on doit l'une des quatre inscriptions tumulaires qui jettent tant d'incertitude sur l'emplacement des restes de Bourdaloue dans l'église Saint-Paul-Saint-Louis.

2º JEANNE, mariée à M. Arnaud, officier de marine, propriétaire de la colonie agricole et pénitentiaire de la Loge, vaste terre de 800 hectares près de Bourges, d'où deux filles mortes sans postérité;

3º PIERRE-JOSEPH, qui suit;

4º JULES, receveur des domaines à Paris, puis maire de Chatenay (Seine), décédé en 1897 époux de Léopoldine Renauldin, fille de François Renauldin, notaire [1]; d'où :

> 1º Mlle BERTHE, morte en 1897, épouse de M. Émile Dissard, percepteur à Tourcoing;
>
> 2º Mlle JENNY, épouse de M. Alfred Drouineau, percepteur à Nogent-le-Rotrou;
>
> 3º Mlle JEANNE, décédée en 1889, épouse de M. Émile Muzard. libraire à Paris;

5º PAUL-JOSEPH, époux de Marie-Anne Cissoigne; d'où :

> 1º Mlle CLÉMENCE, morte à Paris;
>
> 2º Mlle Clémentine, morte à Tours;
>
> 3º M. ARMAND, receveur principal des postes et télégraphes à Châteauroux, marié, le 2 juin 1868, à demoiselle Thomas de Boisclair.

VI. Pierre-Joseph **Bourdaloue**, marié à .....
D'où :

1º FRÉDÉRIC, secrétaire général de la préfecture du Cher, puis conseiller à la cour de Bourges;

2º FRÉDÉRIC, qui suit.

VII. Frédéric **Bourdaloue** eut de Marie *Massé* :

1º M. GUSTAVE, docteur en médecine;

2º Mlle ANNE, épouse de M. Michel Dubois de Bel-air, conseiller à la cour de Bourges, d'où Mlles Jeanne et Marie;

3º Mlle ÉLISE, épouse de M. Henri Mesneau.

---

1. Avant d'entrer dans l'Enregistrement, Jules Bourdaloue était clerc de la chapelle du roi Charles X; la révolution de 1830 le chassa de ce poste qui conduisait à l'épiscopat; il était doué, dit-on, d'une intelligence remarquable.

TABLEAUX SYNOPTIQUES

I
TIGE DU PRÉDICATEUR

TIGE PRINCIPALE DE SAINT-MAR -DES-LAS, DITE DU PRÉDICATEUR

D'OÙ ÉTAIENT SORTIES LES BRANCHES DE LA NOUE, ᵈ A POULLETERIE, D'ISSOUDUN ET DU JEU DE PAUME

MACÉ ᵇ DALOUE
tanneur au village de Bourdaloue, ᵉ la de Vierzon 1450, seigneur de l'hôtel
du Carrouer ᴺ ᵉ ame, en fief, 1464.

PIERRE lln l-d
père de 1° Geoffroy; 2° Etienne; 3° Catherine;
4° Jeanne; 4° Jacques.

marchand tanneur 150?, époux ᵈ Pierre l'aîné, de l'hôtel

PIE le jeune
ᶠⁱˢ ᵈ ᴵⁱⁱ ᴮ ᵉʳᵗ, seigneur, avec son frère
Carroir-Notre-Dame 1503.

SIMON *auteur de la branche de la Poulleterie. Voir tableau III.*	**RÉNAUD** prêtre, curé de Méry, 1529-1550.	**SIMONNET** époux de Suzanne BAUCHETON. D'où : Guillot, Antoine, Claude, Françoise, Suzanne, Catherine.	**GUI UMÉ** notable de Vi 1508-1525-1533, élu de Vie ᵉ ᵉⁿ 1541-1542, époux de ᵗⁱ ᵗ-Saint-Hilaire.		**ÉTIENNETTE** épouse de Claude BIDAULT.	**GILLON** épouse de Philippe Lᴇꜱᴀᴏᴜx 1537.	**LOUISE** (M. S. H.)	**MARIE** épouse de Jean ROUSSEAU 1543.	

LOYS sergent royal 1575, époux de Perpette Mᴀꜱꜱᴏɴ en 1567.			l'aîné, marchand bourgeois, Vierzon 1560-1567; épous et du Mar⸱	**DE** iinistrateur de l'Hôtel-Dieu de Etiennette Tᴇɪxɪᴇʀ en 1543, ᴇᴅɪᴇʀ en 1557.			**CLAUDE** le jeune seigneur de Chantaloup 1585, marchand teinturier à Vierzon, époux de Jeanne ᴅᴇ Lᴀᴜᴊᴏɴ.

1ᵉʳ lit.	1ᵉʳ lit.	1ᵉʳ lit.	2ᵉ lit.	2ᵉ lit.	lit.	2ᵉ lit.	2ᵉ lit.	2ᵉ lit.	2ᵉ lit.	2ᵉ lit.
CATHERINE l'aînée, mariée 1° à Pierre DᴜᴘᴏɴT, procureur à Gra- çay; 2° en 1586, à Hector Gilbert marchand bourgeois, à Bourges.	**JACQUETTE** mariée 1° à Jean Rᴏᴜꜱꜱᴇᴀᴜ 2° en 1575, à Etienne Poussard, marchand à Bourges.	**MARIE** mariée à Pierre Gᴜɪᴍᴏɴ, marchand à Bourges.	**PIERRE** marchand bourgeois à Vierzon, ma- rié en 1581, à Madeleine D'Aᴠᴇꜱɴᴇꜱ, *auteur de la branche du Jeu de paume. Voir tableau V.*	**MADELEINE** mariée en 1582 à Étienne Rɪᴄʜᴇʀ, notaire à Vierzon.	**Ç DE** écuyer, sᵉ d'Aubil échevin de 1° de Cathe 2° de Jacq avocat des ᵢ la ville ᵢ	**CATHERINE** la jeune, mariée 1ᵉ en 1586, à Claude Mᴇʀʟᴀᴛ, marchand à Bourges; 2° et à Ursin Bᴏɴɴᴇᴍᴀɪɴ, marchand potier d'étain.	**ANTOINE** secrétaire du duc de Guise 1619, seigneur spirituel et temporel de Reuilly 1625, intendant d'amirauté des mers du Levant pour le duc de Guise, 1630.	**MICHEL** sieur de la Pouzerie, marié 1° à Ma- rie ᴅᴇ Vᴀʟᴇɴ- ᴛɪᴇɴɴᴇ; 2° à Marie Bᴀʀᴀ- ᴛᴏɴ. *Auteur de la branche d'Issoudun Voir tableau VI.*	**ÉTIENNE** dit Capitaine la Ramée, époux de Françoise Rᴏᴜꜱꜱᴇᴀᴜ 1601. *Auteur de la branche de la Noue. Voir tableau II.*	**JEANNE** mariée à Nico- las Dᴀᴍᴏᴜʀꜱ, avocat à Bourges.

1ᵉʳ lit.	1ᵉʳ lit.	1ᵉʳ lit.	1ᵉʳ lit.	ᵢ lit.	1ᵉʳ lit.	1ᵉʳ lit.	1ᵉʳ lit.	2ᵉ lit.	2ᵉ lit.
CLAUDE receveur général des finances, marié 1° à Catherine Rᴏʙɪɴ; 2° et en 1602, à Anne Mᴀᴢᴇʟɪɴ.	**JEANNE** épouse de Robert Dᴀᴍᴏᴜʀꜱ, échevin de Bourges 1649.	**NICOLAS** né en 1588.	**JEAN** né en 1589, écuyer, sieur de Bussy et d'Aubilly, contrô- leur principal des guerres *en Provence*, marié en 1619 à Marguerite Tᴜʟʟɪᴇʀ.	né en 1585, 1607, ᴵᴵ à Vᴵᵉ député de aux États 1641, ᴢ ordinaires d Prince ᴘⁱᵒ époux de	**NE** ᵗ à Bourges ꜱᵒᵘⁱ-général 1609-1650, Elu du Berry aux requêtes ᴴôtel de M. le grand Condé, e Besan, 1666.	**FRANÇOISE** née en 1590, mariée à Paul Lᴇʟᴀʀɢᴇ, avocat à Bourges, avo- cat des affaires communes de la ville de Bourges, 1618.	**ANNE** née en 1595.	**PIERRE** né en 1599.	**CLAUDE** né en 1602. **JOACHIM** né en 1603.

MARIE mariée en 1616 à Robert Hᴏᴅᴇᴀᴜ, *auteur des manuscrits 1619-1620.*	**CLAUDE** sʳ de Beauchêne, né en 1614; marié en 1644 à Marie Rᴏᴜꜱꜱᴇᴀᴜ. D'où : Étienne, né 1645; François, 1646; Anne, 1650; Avoye, 1655. (M. S. H.)	**PHILIPPE** né en 1616. mort jeune.	**CHARLOTTE** née en 1622, morte religieuse. (M. S. H.)	écuyer, sᵉ ᵗ avocat au ᴾ du roi, e marié en 16 ᵐᵒ et Anne ᴮᵉ, en 1700.	**NE** Martin-des-Las, ent, conseiller u présidial, Anne Lᴇʟᴀʀɢᴇ, 1669	**JEANNE** mariée en 1644 à noble homme Gabriel Cʜᴀʙʟɪᴇʀ sieur de Lasson et de Loye.	**PIERRE** né en 1631, tué au siège de Paris, 1655. (M. S. H.)	**OSTRIAN** *alias* Eᴛɪᴇɴɴᴇ, lieutenant au régiment de Lorraine.

				LOUIS ᴮᴼᴿᴰᴬᴸᴼᵁᴱ ᶜᵒ jésuite, né en 16 ᵒʳᵗ en 1704.	**ANNE** mariée à Henri Cʜᴀᴍɪʟʟᴀʀᴛ, écuyer, sʳ de Villatte; née en 1634; morte én 1713.	**ROBERT** né en 1637, mort en bas âge.

II

BRANCHE DE LA NOUE

BRANCHE DE LA NOUE ITE DE LA CREUSÉE

TABLEAU II

ÉTIENNE B   DALOUE
seigneur de   Creusée
fils de Claude l'aîné   e Marie Lardier,
capitaine d'arquebusiers à   gr̃enetier à Vierzon   1606),
écheṽ   i3,
intendant du d̃e   Guise 1632,
épouse en 1661 F   oise ROUSSEAU.

PIERRE l'aîné,
seigneur de Contres, la Creusée, la Noue et Héry,
lieutenant des gardes de Charles de Guise,
capitaine d'une compagnie de chevau-légers
au régiment d'Heudicourt.

PIE
seigneur de la C̃   e de Fougery,
étudiant à B   es 1618.
secrétaire du d̃   Guise 1631,
gentilhomme de la fa   serie du roi 1642,
échevin de Bo   1654-1655,
marié 1° à Germaine MONICAULT   et en 1642 à Marie GASSOT;
le contrat de mariage de 16   ualifie Etienne, son père,
capitaine d'arque   iers à cheval.

ANTOINE	JACQUES	FRANÇOIS	MA		ÉTIENNE	CLAUDE	CATHERINE
écuyer,	écuyer seigneur	écuyer,	épouse en 1666 Charles	FUSELIER, chevalier	seigneur de	écuyer seigneur de	épouse de
conseiller et maître	de Contres,	seigneur d'Héry et	seigneur de	rneray,	Contres,	Fougery,	Paul-Louis-Hugues
d'hôtel ordinaire	capitaine d'une	de Beaumont,	réunit sur sa tête tous l	biens de sa branche,	chanoine de l'église	mort célibataire	DES BANCS,
de son	compagnie	chanoine de l'église	et meurt saisi	ts en 1729.	de Bourges 1684,	1715.	chevalier et sei-
A. R. Madame²	de chevau-légers	de Bourges.			meurt en 1700.		gneur de Mareuil,
1684,	au régiment						meurt sans enfants
mort célibataire.	d'Heudicourt.						en 1710.

1. Il semble que l'emploi de grènetier ait été réservé, aux quinzième et seizième siècles, Maclo, qui avait servi sous Jeanne d'Arc comme lieutenant du capitaine de Vierzon, était en ̃ Bourdaloue occuper le même emploi à Vierzon et Issoudun après de beaux services militaires.
2. Le manuscrit Hodeau qualifie Antoine de Bourdaloue : *seigneur de la Noue*, maître duchesse de Montpensier, qui sauva Condé au combat de la porte Saint-Antoine (1652), peut Bourdaloue.

d'anciens militaires et fut la récompense de hauts faits d'armes. Ainsi Colas Roussel dit grènetier au grenier à sel de cette ville (v. E. 192, 515), et nous voyons Etienne et Michel d de la *duchesse d'Orléans*. Cette duchesse d'Orléans ne peut être autre que Mademoiselle, surelle de l'influence considérable des Guise et des Condé dans les destinées de la famille

III

BRANCHE DE LA POULLETERIE

BRANCHE DE LA POULLETERIE

SIMON BOURDALOUE
fils de Pierre et de Marie Tripet
vivait au milieu du seizième siècle,
d'où :

CLAUDE
marié 1° à Espérance Poulet, dame de la Poulleterie,
morte avant 1618 ;
2° à Jeanne Giraudon [1].

GASPARD
bourgeois de Paris,
marié en 1622 à Claude Leroy, sœur de
Jean Leroy de Bourguerolle, écuyer
sieur de la Fontaine demeurant à Épernay,
mort sans enfants.

NOEL
marchand chapelier à Vierzon,
épouse en 1618 Jacquette Oudry,
en présence
*d'une partie des membres de la tige principale
dite du prédicateur, ses cousins.*

ÉTIENNE
marié en 1629 à Françoise Martin,
mort sans enfants.

MARGUERITE
l'aînée,
1657-1673.

JEAN
marchand chapelier,
marié en 1673
à Madeleine Lebon,
mort sans enfants.

CLAUDE
marchand chapelier à Vierzon 1670,
marié en 1657 à
Madeleine Boucher.

JACQUETTE
1634-1657.

MARGUERITE
la jeune
1657.

PERPÉTUE
mariée en 1697 à Gabriel Souchard
marchand,
fils de Me Souchard notaire aux Aix et de
Anne Cherrier.

---

1. Au point de vue de la tradition religieuse, il ne faut pas oublier que Jeanne Giraudon avait pour frères Claude Giraudon, chanoine en l'église de Saint-Cyr d'Issoudun, et Anne Giraudon, prêtre curé de la même église.

IV

BRANCHE DU BREUIL

TABLEAU IV

BRANCHE DU BREUIL

JACQUES BOURDALOUE
marchand tanneur,
fils de Guillaume et de Jeanne Morat,
marié à Perrine COURIO.

CATHERINE		CLAUDE	CYPRIANNE	FRANÇOIS
mariée 1° à BONNET-AUDEAU; 2° à Jean JAHAN.		marchand à Issoudun, marié à Jeanne MOLTIER.	mariée 1° à Raoulet BÉRAULT; 2° à Pierre DE LA RIPPE; 3° à Guillaume LOMBUS.	marchand tanneur, marié à Marguerite SAUGET.

JACQUES
clerc 1585, marchand tanneur à Vierzon 1608,
marié à Marie JOUBERT,
veuf en 1638.

MARIE
mariée à Gilles BONNEAU
marchand à Reuilly.

CLAUDE
marchand tanneur à Issoudun 1631-1654,
seigneur de la Glaynerie 1642,
marié à Catherine ARNOULT, fille de Jacques,
bourgeois d'Issoudun.

CLAUDE
bourgeois d'Issoudun 1675-1688,
seigneur du Breuil-Tournay,
marié
1° à Anne JUILLEAU,
2° et en 1688 à Catherine BURLET.

| 1ᵉʳ lit.
FRANÇOIS
bourgeois de Vierzon
1706. | 1ᵉʳ lit.
MARIE
mariée 1° à Pierre
LOYSEAU
chirurgien 1704;
2° à Antoine FENION
garde des forêts. | 2° lit.
GUILLETTE
née en 1688. | 1ᵉʳ lit.
CLAUDE
employé des postes du roi
à Issoudun
17.. | 2° lit.
MARIE
née en 1689. | 2° lit.
CLAUDE
née en 1692. | 2° lit.
FRANÇOIS
né en 1701,
marié à Louis
PASSELIER
de Buxière
1716. | 2° lit.
LOUISE
mariée
à Pierre-Antoine
DE RANCY
bourgeois d'Is-
soudun. |

APPENDICES

APPENDICE A

CORRESPONDANCE D'ANTOINE DE BOURDALOUE

CONSEILLER INTENDANT

DU DUC DE GUISE AMIRAL DU LEVANT

NOTICE

Nous n'aurions pas songé à publier des lettres d'un arrière grand-oncle paternel de Bourdaloue, si l'expérience ne nous avait appris qu'il est facile de les prendre pour celles du père même du célèbre prédicateur. Nous nous souvenons avoir eu quelque peine, dans une séance de recherches à la Bibliothèque de l'Institut, à convaincre sur ce point le regretté Paul Fabre. N'avait-on pas été jusqu'à induire dans cette erreur un honorable savant anglais, M. William Markheim, professeur de l'université d'Oxford et l'un des fervents admirateurs de Bourdaloue?

Cependant on ne connaissait encore qu'une lettre de cet ancêtre, et c'est à M. Alfred Rébelliau, l'historien de Bossuet, qu'on la devait. Maintenant que, grâce à M. l'abbé Lévesque, bibliothécaire de Saint-Sulpice, sept autres lettres d'Antoine de Bourdaloue ont été retrouvées dans un recueil de la Bibliothèque nationale, sans parler d'une lettre adressée au même personnage et faisant partie du même recueil, ainsi que d'une correspondance qui lui est plus ou moins relative, déjà imprimée dans une publication sur Peiresc, j'ai pensé qu'il était temps de réunir ces diverses pièces. Elles s'éclaireront l'une par l'autre. Elles aideront aussi, je l'espère, les futurs historiens à se rendre mieux compte de la condition sociale de cette vieille famille française, qui était alors à la veille de produire en la personne du P. Louis Bourdaloue, sa principale et même son unique illustration. La souche bourgeoise arrivait, après trois siècles, aux honneurs de la noblesse, en attendant la consécration du talent. Antoine de Bourdaloue est qualifié dans l'adresse d'une de nos lettres : « Monsieur *de* Bourdaloue, conseiller intendant de la maison et affaires de Mgr le duc de Guise. » Il avait construit le château de La Noue en 1619, faisait des fondations pieuses et vivait en seigneur. Il transmit à ses neveux, avec la particule nobi-

liaire, ces armes, — plus que parlantes, car elles furent prophé-
tiques, — que nous avons rencontrées sur la cire rouge de ses
cachets à demi brisés : d'azur à un lion d'or couronné, regardant un
soleil de même. Image anticipée et saisissante de l'orateur chrétien
qui, dans la fierté de son langage apostolique, osera fixer et repren-
dre en face le Roi-Soleil.

Les lecteurs voudront bien nous excuser de n'avoir guère annoté
ces lettres. Ce travail minutieux, et peut-être inutile, nous eût
entraîné trop loin. Il serait d'ailleurs facile à faire, à l'aide des
ouvrages de MM. Eugène Plantet sur les trois Régences barba-
resques, de M. Francis Rey sur la Protection diplomatique et consu-
laire dans les échelles du Levant et de Barbarie, et de Ph. Tamizey
de Larroque sur la Correspondance de Peiresc. Notre but est sim-
plement de remettre dans son cadre épistolaire la figure d'Antoine
de Bourdaloue, et, en attirant l'attention sur lui, de provoquer quelque découverte plus intéressante. Notre publication est purement
documentaire.

LETTRE I [1]

Antoine de Bourdaloue à M. de Cézy [2].

(Marseille, 6 août 1623.)

Monsieur,

Vous aurez sceu, par les voyes ordinaires, tout ce qui est des nouvelles de la Court jauant que cette lettre paruienne jusques à vous. C'est
pourquoy je ne vous en diray rien ; outre que Monsieur l'Empereur
présent porteur qui en est nouuellement venu, vous en pourra encores
entretenir; seullement je vous supplieray pour Monseigneur [3] qui n'est
pas icy et que nous y attendons dans la fin de ce moys, de vous vouloir
souuenir *de l'affaire du Bastion de France, en Barbarie* [4] quand vous
ferez renouueler les cappitulations suyuant les promesses que vous en
auez fait par cy devant a mondit seigneur qui a ladite affaire en telle
affection que vous ne pourrez pas rencontrer une occasion de l'obliger

---

1. Nous respectons scrupuleusement l'orthographe, sauf certaines abrévia-
tions que nous avons complétées et la ponctuation, qu'il était nécessaire de modi-
fier, ainsi que parfois l'accentuation.

2. Philippe de Harlay, comte de Cézy, ambassadeur de France à Constantinople, de 1619 à 1631.

3. Le duc de Guise.

4. A Alger. Voir sa description dans Eug. Plantet, *Correspondance des Deys
d'Alger avec la cour de France, 1579-1833.* Paris, Alcan, 1889, 2 vol. in-8, t. I,
p. xxx.

plus propre que celle-la[1]. Les gallions qu'il auoit fait passer en Ponent
pour La Rochelle, en partirent le XIIIe du mois passé, pour s'en reuenir
dedeça et les y attendons dans moings de trois sepmaines. S'ilz font
rencontre de quelques corsaires, ce ne sera point sans se parler et faudra
qu'ils soient bien forts s'ilz ne les attacquent. Nous vous manderons
Monsieur, à leur arriuée, comme quoy il en aura esté, et cependant vous
supplieray tres humblement me vouloir faire l'honneur de me croire,

> Monsieur,

> Vostre tres humble et tres obeissant seruiteur

A Marseille, ce 6e Aoust 1623.

> BOURDALOÜE[2].

[Au dos :]   A Monsieur,

Monsieur de Cesy, con^{er} du Roy en ses conseilz d'estat et Priué, et
ambassadeur pour sa Ma^{té} à Constantinople[3].

Comment une lettre d'Antoine de Bourdaloue à M. de Cézy a-t-
elle été s'égarer au fonds Godefroy ? Il est à remarquer que les lettres
suivantes du même personnage qui vont être données ici d'après le
ms. de la Bibliothèque nationale, f. fr. 20559, se trouvent dans ce
recueil en compagnie de plusieurs lettres signées : GODEFROY.

1. Le duc de Guise avait signé avec Hussein, dey d'Alger, en 1619, un traité
qui lui permettait d'exploiter les concessions françaises pour son propre compte.
Plantet, p. XXXI.

2. Cette orthographe du nom propre Bourdaloüe, avec le tréma sur l'*u*, est à
noter. Le prédicateur le mettra au contraire toujours sur l'*e*, ce qui était devenu
l'usage courant à son époque. On lit, dans un ouvrage publié de son vivant :
*Maniere de parler la langue françoise selon ses differens styles; avec la cri-
tique de nos plus celèbres écrivains, en prose et en vers; et vn petit traité de
l'Orthographe et de la Prononciation françoise.* Lyon, Claude Rey, 1697, in-12,
cette règle où son nom est donné comme exemple : « Les deux points que l'on
met sur les voïelles E, I, U, lorsqu'il y a deux voïelles de suite, doivent se mettre
sur celle qui, *toute seule,* ou jointe avec la lettre suivante, fait une syllabe, *Bourdalouë,* obeïr, haïr. » Dans ce système, l'*e* muet final est regardé comme une
syllabe. — Le P. Bretonneau écrira toujours *Bourdalouë,* conformément à cet
usage passé en règle.

3. Autographe. Bibliothèque de l'Institut de France. Fonds Godefroy, tome
269, fol. 150-151. — On lit en tête cette description, d'une écriture ancienne :
« Lettre du sieur Bourdaloüe, secrétaire de Mons. de Güise, à M. de Cesy, où il
le prie, au nom de son maistre, de solliciter le restablissement du Bastion de
Barbarie.

« D. G. Le 6 Aoust 1623. »

Dans l'*Inventaire des pièces manuscrites de la collection Godefroy,* qui fait
partie de l'*Annuaire-Bulletin de la Société de l'histoire de France,* 1865, p. 161,
règne de Louis XIII, pièce 80, cette pièce est ainsi mentionnée :

« BOURDALOUE (secrétaire du duc de Guise) à Césy, 1623, 6 août. Le prie de
solliciter le rétablissement du *Bastion de Barbarie.* »

LETTRE II

Antoine de Bourdaloue au duc de Guise, amiral du Levant[1].

(Marseille, 26 janvier 1630.)

Monseigneur,

Je mandois a Vostre Grandeur par mes précédentes que Messieurs les consulz de cette ville estoient allez a Salon et qu'ilz y debuoient presenter au Parlement[2] vne requeste en faveur de Chaban-Raix[3], tendant a ce qu'ilz differassent de juger son procès, jusques a ce qu'ilz en peussent donner aduis au Roy. En ayant parlé a ces Messieurs, et leur ayant representé le mal qui arriueroit au negoce s'ilz faisoient mourir ledit Chaban, ilz leur ont respondu qu'ilz ne feront rien precipitamment ny mal a propos. En cela neantmoings ilz n'ont pas laissé d'envoyer prendre ledit Chaban par le Preuost a Toulon, pour le mener audit Salon et y debvoit arriuer hier, si bien, Monseigneur, que si Vostre Grandeur a de faire quelque chose pour luy, qu'il est besoing quelle y apporte de la diligence, car, quand ce ne seroit qu'a vostre consideration, ilz meneront cest affaire le plus viste qu'ilz pourront, aussy qu'ilz seront bien ayses de faire leurs choux gras de l'argent de son bled et de celuy de sa barque qu'ilz ont desja tout fait sequestrer.

Si vous pouuiez, comme je vous ay desia escrit, vous en faire accorder le don par Sa Majesté ce seroit un doublement bon affaire. Car vous en retireriez du proffit et les frustreriez de leur attente. Ilz ont fait de grandes plaintes ausdits sieurs consulz, de l'imposition qu'ilz continuent de leuer pour les affaires de Barbarie et des grandes despenses qu'ilz font d'ailleurs a la ville, comme aussy du peu de soing qu'ilz ont de la tenir fournie de bled, encores de ce qu'ilz n'appellent point a leurs conseilz de ville les apparens et autres qui y doibuent estre appellez. De quoy ilz ont eu d'au-

---

1. Charles de Lorraine, duc de Guise et de Joyeuse, pair et grand-maître de France, prince de Joinville, souverain de Château-Renaud, comte d'Eu, chevalier des ordres du Roi, gouverneur et lieutenant-général en Provence, amiral des mers de Levant, était petit-fils de François de Lorraine, assassiné par Poltrot de Méré au siège d'Orléans (1563) et fils de Henri de Lorraine tué, ainsi que son frère le cardinal, à Blois (1588). Il était né le 20 août 1571, et fut d'abord grand maître en survivance de son père. Il se démit de cette charge considérable et fut nommé par Henri IV gouverneur de Provence. Il eut ensuite le gouvernement de Champagne et commanda l'armée du roi contre les princes ligués en 1617. Il se distingua en cette occasion, et, plus tard, au siège de La Rochelle (1627), puis il se brouilla avec Richelieu pour avoir suivi le parti de Marie de Médicis et se retira à Florence. Il mourut à Coni, le 30 septembre 1640. Voir *les Ducs de Guise et leur époque*, par H. Forneron. Paris, 1893. 2 vol. in-12, t. II, p. 364-371.

2. Le parlement de Provence, à Aix.

3. Chaban Raix ou Réïs.

tant moings de peine de se deffendre, que ce ne sont point choses nouuelles et que les reproches leur en avoient esté faittes icy meşmes de longue main par ceux du contraire party, lesquelz en reuenant dudit Salon, ilz rencontrerent en chemin qui s'y en alloient, où voulans parler de ce qu'ilz avoient fait dire contre lesdits sieurs consulz, par quelqu'ung venú icy depuis peu, que Vostre Grandeur devinera bien, l'on leur dit que s'ilz se plaignoient desdits sieurs consulz, qu'ilz ne se plaignoient pas moings d'eulx, et qu'ilz s'excusoient fort bien de tout ce que l'on leur mettoit sus ; si bien qu'ilz sont plus en picque que jamais. Mais pourtant tout se passe en mines, et n'en sera autre chose, quelques menasses qu'ilz facent. Cependant ilz ont laissé prendre le Cadet de Guyran, qui se promenant auant hier sur le port vers l'entrée de la nuit auec un des cheualiers de village, fut saysy et enlevé de haulte lutte par le lieutenant du viguier nommé Truche, et cinq ou six autres sergens qui le menerent prisonnier. Ledit cheualier de village met la main a l'espée. Mais quand il ouyt parler par lesdits sergens du nom du Roy, il se retira et abandonna son amy, et ainsi le puis-je appeler, par ce qu'ilz se sont reconciliez depuis quelque temps et qu'ilz estoient tousiours ensemble. Sans doubte l'on le menera au premier jour a Salon, et s'il en reschappe, ce sera grande auenture.

Neantmoings il y a de ceux du Parlement et qui ne sont pas des moindres, qui s'employent pour luy en consideration de ceux à qui il appartient. S'il feust allé servir le Roy en Italie ou en quelque autre endroit, comme Vostre Grandeur le luy avoit conseillé, ce malheur ne luy seroit pas arrivé. Cela fait songer Anthoyne Dorie à sa conscience, et d'autres aussy. Mais il n'a pas empesché celuy qui avoit esté cy-devant accusé d'avoir pris l'argent du Tresorier de la marine, nommé Fatet, de s'estre laissé prendre la nuit dernière, au logis de feu Monsieur Blanc de Cavaillon, vollant ledit logis, avec ung faiseur de viollons nommé Vaillant ; et si Monsieur Gaveau qui estoit sa partye pour le premier larcin, estoit icy, il auroit sans doubte le contentement de le veoir punir et de luy [1]. . . . . sera difficile de plus cacher leur mal. Il en est venu de Saint-Jehand'Acre chargez de bled qui ont plus que doublé leur argent, aussy ont-ilz laissé fondz dedela pour leur préparer ung second chargement qu'ilz s'en venont prendre.

J'ay cy-devant donné advis à Vostre Grandeur de la prise que la barque que vous avez fait armer avec Monsieur le general des gallaires contre ceux qui sortent des blez hors du Royaulme, avoit faitte d'une barque du Martigue qui avoit chargé en Languedoc et disoit que c'estoit pour l'aller

1. Le texte est en plusieurs endroits mutilé par la reliure, surtout dans le haut et le bas des pages.

vendre a Antibes, et vous ay mesme envoyé lettres que Monsieur le
Commandeur de Forbin et Monsieur Burgues m'en escrivoient affin que
Vostre Grandeur en demandast la confiscation au Roy. A cette heure
Monsieur de Verquiere s'est mis en campagne pour dire que ledit bled
luy appartient en partie et y fait encores intervenir Monsieur de Vires,
pour soustenir qu'il n'alloit qu'audit Antibes; et en demande la restitution
la-dessus, et s'en estant addressé audit sieur Commandeur, il me le ren-
voye comme Vostre Grandeur verra par la lettre dudit sieur Commandeur cy jointe qui m'a este apportee par Monsieur le Chevalier de Boissize
qu'il depescha a Lyon a Monseigneur le Cardinal et que je fais porteur
de la presente pour la laisser a Lyon a Monsieur Jacquet, s'il ne passe
jusques a Paris. Je ditz audit sieur de Verquieres que je ne puis rien en
ce qu'il demandoit et qu'il faut ou qu'il en demeure d'accord avec ledit
sieur Commandeur, ou qu'il trouve bon que l'on face faire le jugement
de cette prise aux officiers de l'Admirauté ou qu'a tout evenement il attende
le retourt de Vostre Grandeur a laquelle il dit qu'il en veut escrire. Il scait
bien en sa conscience que ledit bled debvoit estre porté en Italie, mais il
ne le veut point advoüer, ny son patron non plus, et soustiennent opinias-
trement que c'estoit pour descharger audit Antibes, les obligations passées au bureau de Languedoc le portant ainsi. Nous tascherons de gaigner
par les moyens cy-dessus le plus de temps que nous pourrons pour veoir
s'ilz se voudront porter a quelque recevable composition pour en sortir
par cette voye plus tost que par celle du procès, et, en tout cas, ne quitte-
rons rien que par le bon bout, si j'en suis creu. Si l'on veut donner du
loysir a tous ceux qui seront pris de recourir comme cela a leurs amys,
il n'y en aura pas ung qui n'en trouve, et, ainsi, si l'on y vouloit avoir
esgard l'on ne travailleroit qu'en vain. Je continueray, Monseigneur, de
donner advis a Vostre Grandeur de tout ce qui arrivera de nouveau.

Le mal continue tousiours a Aix et y a encores eu quantite decez, à
cette nouvelle lune. A Arles, il y va ung peu mieux, mais pas moingts ne
laisse-il d'y avoir tousiours bien du danger. En cette ville, l'on s'y con-
serve tousiours, graces a Dieu que je prie,

                        Monseigneur,
        donner a Votre Grandeur toute prosperité et longue vie.
A Marseille, le XXVI⁰ janvier 1630.

        Vostre tres humble tres obeissant et tres fidele serviteur
                                BOURDALOÜE.
[Au dos] :   A Monseigneur¹.

1. Autographe. Bibl. nat., f. fr. 20559, fol. 149 *sqq.* Ce recueil est intitulé :
Lettres escrites à Charles de Lorraine, duc de Guise, depuis 1605 jusques à 1638.
In-fol., relié en veau fauve, avec ce titre : *Recueil de lett. orig.*
Deux cachets de cire rouge.

VI

BRANCHE D'ISSOUDUN

BRANCHE D'ISSOUDUN

MICHEL BOURDALOUE
fils de Claude l'aîné et de Marie Lardier,
capitaine,
receveur au grenier à sel d'Issoudun 1594,
receveur des consignations 1610,
marié 1° à Marie de VALENTIENNE;
2° à Marie BMATHON.

CATHERINE 1619.	MICHEL	MARIE	PIERRE	noble JEAN sieur de la Peuzerie avocat en parlement marié à Françoise PEROT.	MARGUERITE	CLAUDE	ÉTIENNE contrôleur à la Châtre.

MARIE
mariée à Nicolas LE TELLIER,
sieur du Chezeau,
capitaine au régiment de Normandie.

JACQUETTE
mariée à Jacques BERNARD
sieur des Bergeries.

VII

BRANCHE DE MEHUN-SUR-YÈVRE

BRANCHE DE MEHUN-SUR-YÈVRE

RAYMON BOURDALOUE
marchand à Mehn 1553-1554.

GUILLAUME
marchand à Mehun 1556-1571, marié à
Marguerite BOUARD.

JEANNE	RAYMUN	FRANÇOIS	ANTOINE	CATHERINE	CLAUDE
mariée à François RAGUEAU, sergent royal.	procureur du roi à Mehun, *auteur du rameau de la Mouline*.	marié à Madeleine DE LA VARENNE 1598.	marchand à Mehun 1594-1598, marié à Marie PATHON 1616.	mariée à Pierre CHENU.	marchand tanneur à Mehun, marié à Marie SARTIAULT 1585.

ANTOINE	FRANÇOISE	CHRISTOPHE	CATHERINE	MARIE	FRANÇOIS
marchand à Mehun, marié à Jeanne THEVENIN 1616, n'existait plus en 1637.	mariée à Jean DELYS notaire à Vierzon.	marchand à Mehun, marié à Françoise BLONDEAU fille de François marchand tanneur.	mariée à Pierre BIOU, receveur à Graçay 1616.	mariée à Nicolas MORET, tanneur 1616.	écolier, étudiant en l'université de Bourges 1617.

FRANÇOIS	JEANNE l'aînée.	MOREAU	noble SIMON sieur des *Prins*, avocat en parlement 1650, prévôt de Mehun Saint-Laurent, marié à Louise TOURPIN.	CLAUDE	JEANNE la jeune.	LOUISE

GILLES	ANDRÉ	JEAN	LOUISE	FRANÇOISE
sieur de Corboy officier de cavalerie.	marié à Françoise LEGRY v⁰ de Pierre GABARD.	conseiller du roi, lieutenant-général à Mehun, avocat en parlement 1689, sieur des *Prins*, marié 1° à Perpétue BECHEREAU 1672; 2° à Perpette JARNIN 1694.	mariée à François BÉCHEREAU, commissaire de la maréchaussée provinciale.	née en 1667.

MARIE	RENÉ	JEAN
mariée à BONNET DE SARZAY, grénetier à Saint-Amand 1713.	sieur des *Prins*, 1717.	sieur de la Chaussée 1710-1717.

RAMEAU DE LA MOULINE

RAYMON BOURDALOUE
fils de Guillaume et de Marguerite Brouard,
procureur du roi à Mehun 1594-1612.

MARGUERITE	CLAUDE	ANTOINE	SIMON
	capucin.	écuyer seigneur de Goudebert, procureur du roi à Mehun, marié à Hélène GOUGON, dame de la Mouline; n'existait plus en 1661.	capucin.

MADELEINE	RAYMON PIERRE	ANTOINE
dame de la Mouline en partie 1669.	écuyer, procureur du roi à Mehun, seigneur de l'hôtel de la Pucelle 1670, marié à ... BÉCHEREAU 1664.	1684.

JEAN	ANDRÉ	PIERRE SIMON	HÉLÈNE	PERPÉTUE
1669.	sieur de la Mouline, avocat en parlement 1680, lieutenant de robe longue 1645.	receveur des revenus patrimoniaux de la ville de Mehun, seigneur de l'hôtel à Pucelle, 1717; meurt en 1739.	mariée à Vincent VERNEIL, bailli de Mehun 1692.	mariée à Esme GOUTELLE avocat en parlement 1698.

RENÉ
conseiller a roi, premier accesseur, receveur deniers patrimoniaux, marié 1° à Marie ROSSIGNO 1°o; 2° à Marie PINEAU; mort en 1779.

V

BRANCHE DU JEU DE PAUME

BRANCHE DU DE PAUME

TABLEAU V

PIERRE BDALOUE
marchand à Vierzon,
fils de Claude de Marie Lardier,
1681
à Ma Bappuz.

JACQUETTE mariée à RAYMON DE LA RIPPE.	FRANÇOISE mariée à Jean SOUPIZET 1608.	PERPETTE mariée à Claude MORISSET 1612.	DE marchand aire 1625, marié à AMILON, qui, N, 165N Bel GNARD.	ÉTIENNE bailli de Levroux, marié à Catherine GUESNIER 1616. D'où N. Bourdaloue, religieux minime, prêtre et prédicateur, et plusieurs autres enfants morts jeunes.	PIERRE marchand bourgeois, marié à Françoise BOURDALOUE 1623.	MADELEINE mariée à Valérien ROUSSEAU 1617.

MARIE l'aînée
mariée à Michel PERNEAU.

MARIE
mariée à François BARTHOLY.

LETTRE III

Antoine de Bourdaloue au duc de Guise, amiral du Levant.

(Marseille, 28 janvier 1630.)

Monseigneur,

Ayant Monsieur le Chevalier de Boissize retardé son partement, sur quelque chose qui est survenu, dont il est nécessaire qu'il donne advis à Monsieur le Commandeur de Forbin, cela me donne le loysir d'adiouster à mon autre lettre que l'Assemblée des procureurs jointz, que j'avois escrit à Vostre Grandeur se debvoir tenir a Rians au vingtiesme de ce moys, est achevée, sans y avoir rien esté arresté qui merite que l'on en parle. Monsieur Du Mas qui s'y est trouvé et qui est icy pour traduire a Salon le Cadet de Guyran et Fatet, me l'ayant ainsi dit, et que seulement ilz n'ont peu estre d'accord de la levée des quatorze cens mulletz que le Roy demande a la Province, pour le service de l'armée d'Italie, ayant donné charge a Monsieur de La Barben qui s'en va demeurer a Salon pour les affaires du pays, d'achever de resoudre avec Monsieur le premier Président et Monsieur Sanguyn ce qui sera de ladite levée, car ledit sieur Sanguyn qui est de retour d'aupres de Monsieur le Cardinal, et qui dit estre renvoyé dedeçà pour faciliter les moyens de la subsistance de ladite armee (et ainsi me le dit-il par une lettre qu'il m'escrivit hier), presse cest affaire. Ledit sieur de La Barben n'a pas eu les rieurs de son costé en cette Assemblée et si l'on eust peu aussy bien se desdire de s'employer a ce qui est desdits mulletz, que l'on a fait d'advoüer sa depputation de la Court que l'on n'a nullement voulu approuver, disant que ce voyage n'a esté que pour faire ses affaires particulières et non celles du pays, comme le tesmoigne l'acquisition qu'il y a fait du gouvernement d'Antibes, il se feust trouvé court, aussi bien d'ung costé que d'autre. Quelqu'ung m'a dit qu'il y avoit voulu mettre en avant quelque chose qui faisoit contre Vostre Grandeur, sans m'avoir peu speciffier ce que c'est, et qu'il n'y avoit pas non plus trouvé son compte. Monsieur de Cisteron entre autres luy a esté contraire et dans la crainte qu'il a eue que l'on ne feist des plaintes de lui a la Court, qui l'obligeassent a y faire ung voyage dont il n'a point d'envye, il se seroit bien plus declaré qu'il n'a fait. Messieurs du Parlement voulaient que ledit sieur de La Barben s'opposast, comme procureur du pays, a la sortie du bled, que Monsieur de Persy fait porter, par le commandement du Roy, du costé de Nice. Mais il ne l'a pas voulu faire, attendu mesmes que c'est a Antibes ou s'est fait l'amas, et que le blasme en eust été double sur luy, qui vient d'estre tout freschement obligé de ce gouvernement. Monsieur le premier Président avoit escrit a Monsieur de La Marthe qu'il avoit envoyé Le Prevost a la Manon pour y prendre deux

des Espalliers[1] de vostre gallaire qui s'estoient sauvez, mais ilz ne s'y sont point trouvez et les fault tenir tous pour perduz qui n'est pas ung petit recullement pour ladite gallaire.

Monsieur le President Mosnier qui est icy, travaille à mettre d'accord Messieurs les Consulz de cette ville avec ceux de l'autre party, et ne ferà pas peu s'il en peut venir à bout. Ceux d'entre eux qui furent depputez a Salon sont Messieurs de Calbanne, de Lenche, et Louys Vente, avec quelque autre encores[2]. S'ilz ne gaignent le haut du pavé, il ne tiendra pas en eulx, car ilz y apportent tout ce qu'ilz peuvent et s'unissent tousiours de plus en plus.

Les nouvelles que nous avons maintenant dedeçà, outre le partement de Lyon de Monsieur le Cardinal pour Suze, dont Vostre Grandeur doibt estre plus savante que nous, sont que l'on s'en va travailler a la demolition de la citadelle d'Oranges; que le Roy donne vingt cinq mille escuz pour cela; qu'il achète le gouvernement Desbaulx, pour Monsieur de Valkembourg; que le pape tire partie des gens de guerre qu'il entretient au Contat d'Avignon; que Monsieur le marquis de Malateste quitte, et qu' il n'y demeurera que le seigneur Ottavio.

Messieurs du Parlement ont fait donner assignation par devant eulx a Rameau et a son jeune frere pour l'arbre et antenne qu'ilz ont acheté et envoyé de votre ordre a Chaban Raix, qu'ilz ont essayé de toutes facons de perdre, sy Votre Grandeur n'y pourvoye du costé du Roy; et sera nécessaire qu'elle y use de diligence ainsi que je luy ay desia escrit par plusieurs foys. Ilz ont encores fait adjourner le patron qui a porté ledit arbre et antenne; et sera grande aventure, s'ilz n'y meslent et embarassent encores Monsieur Burgues, tant ilz en veulent a ceux qu'ilz sçavent dependre de vous.

Monsieur le Baron d'Allemagne vient d'arriver de Thurin, qui nous en dit toutes bonnes nouvelles pour le Roy, et comme tout y est disposé pour son service. Je ne sçay pas qui peut avoir fait courir le bruit que Vostre Grandeur avoit des poudres à vendre. Mais Monsieur Castilly m'est venu trouver pour cela et m'a dit que c'estoit pour le Pape qu'il les vouloit et qu'il en prendroit cinq cens quintaulx. Luy ayant demandé qui luy avoit dit que vous en vouliez vendre, il m'a respondu que l'on luy avoit escrit par ung homme d'Avignon qui revenoit de Rome avec la monstre qu'il en avoit porté dedelà; et de fait le jeune Belon a qui ledit sieur Castilly en a aussy parlé, a veu ledit homme. J'ay demandé a son frere qui a les clefz desdites poudres, s'il avoit donné ladite monstre; qui m'a dit que

---

1. « *Espalier*, en termes de marine, est le rameur qui tient le bout de la rame, qui donne le mouvement aux autres. » *Dictionnaire* de Furetière.

2. On lit en marge : « Lon avoit voulu embarasser en cette deputation Monsieur de La Salle, mais il s'en est excusé. »

non; mais sans doubte il faut que cela vienne de luy et qu'il l'ayt fait depuis que Votre Grandeur luy donna charge, il y a troys ou quatre moys, d'en vendre. Monsieur Roux m'est aussy venu trouver sur le mesme advis, pour scavoir si nous luy en voudrons vendre pour l'armee que commande Monsieur le Cardinal. Je leur ay respondu aux ungs et aux autres que Vostre Grandeur en avoit veritablement, mais qu'elle la gardoit pour ses vaisseaux et qu'elle en acheteroit plus tost qu'elle n'en vendroit. C'est

Monseigneur,

Vostre tres humble tres obeissant et tres fidele serviteur

BOURDALOÜE.

A Marseille, le xxviie janvier, 1630.

[Au dos] :   A Monseigneur[1].

LETTRE IV

Antoine de Bourbon au duc de Guise, amiral du Levant.

(Marseille, 4 février 1630.)

Monseigneur,

Je pensois envoyer le pacquet cy joint par Monsieur le Chevalier de Boissize a Vostre Grandeur, mais ayant rompu son voyage, il m'est demeuré entre mains, sans avoir jusques icy peu trouver aucune autre commodité de le vous faire tenir, n'y ayant plus d'ordinaire estably et ne s'estant trouué personne qui allist ny a la Court ny a Lyon; c'est a dire que, s'il n'y est donné quelque ordre, que nous souffrirons de ce costé-là. L'on m'a dit que Monsieur Jacquet qui estoit depuis assez de temps à Paris en est de retour. Peut-estre qu'y ayant interest comme il a, il y donnera quelque ordre. Le sieur Cappus l'est allé trouver pour cela, et pourra peut-estre passer jusques a la Court, au moings me l'a-il dit comme cela.

Les bruits du changement que vous faittes de vostre gouvernement continuent tousiours, et dit-on que Monsieur le Cardinal, au retour qu'il fera d'Italie, passera par icy, pour en venir prendre possession, et que Monsieur de Gordes, que l'on sort du Pont-Saint-Esprit, aura la lieutenance de cedit gouvernement soubz luy. L'on dit aussy que l'on a establg des officiers de l'Admirauté en Languedoc de la part de mondit sieur le Cardinal et y adiouste-on encores, pour se donner plus de contentement au recit et publication desditz bruiz, qu'il doibt aussy avoir le Bastion et que vous demeurez despouillé de tout ce que vous aviez dedeçà. Je dis et fais bien tout ce que je puis, pour empescher cette créance; mais ne rece-

1. Autographe. Bibl. nat., f. fr. 20559, fol. 155 *sqq.*

vant point de voz nouvelles pour faire veoir ce que ç'en est, chacun en
pense ce qu'il luy plaist. Et de fait ceux qui sont aupres de Vostre Grandeur, debvroient bien nous avoir escrit depuis vostre arrivee aupres du
Roy. Il y a quinze jours et davantage que je suis attaqué de la goutte et
que je ne sors point du logis. Je ne laisse pas pourtant d'apprendre tous
ces discours, et d'avoir le desplaisir de les entendre dire a des gens que je
sçay qui voudroient qu'ilz feussent desià en effect, et, si cela estoit, ils
seroient les premiers a en ressentir le mal.

Monsieur Gratran, second consul, vient de me venir dire qu'ilz avoient
depputé pour ce voyage Monsieur de Cabanes, assesseur, avec le sieur
Guedon, depputé du commerce, qui ont charge de ne rien oublier a
cette poursuytte. Ilz l'ont grandement a cœur, tant pour ce qu'ilz recon-
gnoissent bien que si cest affaire va où l'on craint, qu'il ne fault plus
qu'ilz attendent de secours dudit Bastion, que par ce que si ledit sieur
Sanson qui est allé en Algers, pour l'affermissement de la paix, avoit nouvelles que ce traittement luy eust esté fait, c'est sans doubte qu'au lieu de
procurer la continuation de ladite paix, il en rechercheroit la rupture et
traitteroit seullement pour ce qui est de son particulier. Nous avons a la fin
eu le *Dragon* qui arriva le xxxᵉ janvier, avec treize cens charges de bled
que nous baillons a Messieurs les Consulz, excepté cent, tant de charges
que nous retenons pour la nourriture de la chiourme de vostre gallaire.
Ledit *Dragon* n'a esté que huit jours en chemin, et la cause de son si long
retardement a este le manquement de bled qu'il y avoit dedelà, les Mores
ny [1] . . . .

Monsieur Gazille me vient de dire que Monsieur Marquesy qui arriva
hier au soir de Salon, luy avoit dit qu'il avoit descouvert que l'on debvoit
aujourd'huy juger l'information qui a este faitte contre Monsieur Sanson,
de l'authorité du Parlement, et qu'il croyoit que l'on l'envoyeroit crier, a
troys brefz jours, en cette ville, pour en après le condamner par contu-
mace et faire saysir ses biens, dequoy Madamoyselle Sanson est au desespoir. J'ay envoyé, en mesme temps, mon neveu [2], pour en parler aux
consulz, et leur dire que s'ilz n'empeschent cette execution et ne vont
trouver pour cela Messieurs du Parlement, que je leur protestois que vous
ne pourriez pas effectuer le contract des six mil charges de bled que vous
auez promis de leur faire venir du bastion, et partant qu'ilz y pensassent.
Ilz ont promis d'y envoyer quelqu'ung d'entre eulx, qui par mesme moyen
parlera pour Chaban Raix. Vostre Grandeur scayt bien a quel subject,
toutes ces charitez et chicaneries sont faittes audit sieur Sanson, et s'ilz

---

1. La suite de la phrase manque.
2. Sans doute un des deux Pierre de Bourdaloue qui, après Antoine, servirent
a maison de Guise.

pouvoient aussy bien s'en attaquer ailleurs, ilz ne s'y oublieront pas[1].   .

. . . .

qu'il n'a pas grandes causes civiles a juger, le fait craindre en ce qui est du criminel. Auparavant l'execution dudit Chaban, ilz avoient condamné aux gallaires le Pere Privas, et cest autre Religieux d'Arles qui estoit prisonnier avec luy, et fait pendre ce Fatet que j'ay escrit a Vostre Grandeur avoir este pris desrobant chez Monsieur Blanc de Cavaillon. A cette heure ilz travaillent contre le Cadet de Guyran, et n'ont pas oublié, en parlant de ce qui se passa quand il fut retiré, avec Anthoyne Dorie, des mains des Archers du Prevost et sergent qui les debvoient conduire a Aix, de demander des nouuelles de Mondragon, soldat de voz gardes, qui estoit de cette meslée et qui est compris dans l'information dudit enlevement, pour le faire prendre; mais je l'avois desia adverty de s'esloygner et tenir serré, me doubtant bien qu'estant a vous, il serait recommandé.

Depuis l'arrivée du *Dragon*, il est arrivé a Monsieur Burgues une barque du Bastion qui a apporté des lettres a Monsieur Gazille de Monsieur Sanson et de ceux qui sont là pour luy, par lesquelles on luy mande que ledit sieur Sanson estoit party le dimanche xxviie janvier dudit Bastion pour s'en aller en Algers, sans dire ny ce qu'il y alloit faire, ny combien de temps il pourroit estre en ce voyage, il mandoit que l'affaire de Cap Nègre estoit en fort bons termes et envoyoit les lettres mesmes que celuy qu'il a envoyé audit Thunys pour ladite affaire luy escrivoit, par lesquelles il luy dit qu'il tient la chose toute asseurée, mais qu'Issouf Day avec qui il traitte, veut, auparavant que de rien conclure, retirer vingt ou tant de mil piastres de ceux de Tabarque, qu'ilz lui doibvent d'arrérages, de Lisme ayant envoyé les leur demander.

Il y a aussy des lettres de ce grand amy que ledit sieur Sanson a autres fois dit a Vostre Grandeur qu'il avoit à Thunys, qui est si riche et d'ung autre encores des principaulx, qui luy donnent les mesmes assurances, de sorte que l'on n'en peut attendre que tout bon succez. Ledit sieur Sanson estoit ung peu fasché de s'en aller audit Algers, sans avoir nouvelles de l'homme qu'il a cy-devant envoyé a Constantinople.

Craignant qu'il ne luy faille par après faire ung autre long voyage pour cela, il se prend de cette longueur a Mons. l'Ambassadeur.

Il se doibt tenir une Assemblée des Communautez a Barjaulx, au xiime de ce moys, pour delibérer de la fourniture de mullets que le Roy demande a la Province pour son armée d'Italie, et pour parler encores du desadveu du voyage de Mons. de Chasteuil qui est grandement à contrecœur a Mons. le premier Consul d'Aix, qui, a l'assemblée de Rians, feit enregistrer au greffe des Estatz le compte qu'il rendoit de sa derniere deputtation ou

---

1. Le commencement de la phrase suivante fait défaut.

plustost de son dernier voyage. Car on ne voulut l'advoüer en qualité de
deputation, et en a esté la decision renvoyée aux premiers Estatz. Mais, a
force de représenter qu'il avoit audit voyage obtenu le deslogement des
trouppes que des personnes qu'il n'osoit pas nommer par respect, arres-
toient dans la Province, il luy a par provision esté expédié mandement
pour le payement des fraiz de sondit voyage, a la charge qu'il le feroit
approuver et confirmer par lesdits premiers Estatz. Il a fait un second
voyage en cette ville depuis peu. Mais je ne l'ay point veu, a cause de
la goutte qui me fait garder le logis, il y a plus de quinze jours.

Le bruit continue tousiours et vient de Salon que vous estes d'accord
avec Mons. le Cardinal de vostre Admirauté[1]. . . . .

. . . .
en portant point pendant qu'ilz travaillent aux semences, et encores sont-ilz
retenuz jusques a ce qu'ils voyent les bledz levez et advancez a ung point
qu'ilz puissent juger de la bonté ou mauvaistié de la recolte a advenir. Et
c'est pour cela que ledit sieur Sanson nous mande, comme c'est mis qu'il
fera aussy a Vostre Grandeur par les lettres qu'il luy escrit, que l'on n'envoye point de vaisseaux dedelà qu'il ne nous en donne advis Il en avoit
dedelà jusques a unze, sur lesquelz il se promest de charger les six mil
charges que vous avez vendu pour cette ville, voulant avant toute autre
chose retirer Vostre Grandeur de cette obligation. Il se preparoit pour
aller en Algers, tant pour l'affaire du Chevalier de Razilly que pour visiter et faire quelque present a celuy que l'on a mis en la place de Sidy
Amoda, dont il est fort ayse par ce qu'il est de ses plus particuliers amys
et que ledit Sidy Amoda se monstroit trop aspre a la curee et tesmoignoit
vouloir donner sur les avaries. Mons. Gazille me dit que ce voyage lui
coustera dix mil piastres, et ne scay pas ce que c'en sera. J'envoye a Vostre
Grandeur la lettre qu'il m'a escrit, affin que s'il y a quelque chose de plus
qu'en celle qu'elle recevra de luy, qu'elle en puisse estre informée. Outre
le bled qu'a apporté ledit *Dragon*, il a aussy apporté unze quaisses de
coural, deux autruches et une petite lyonne pour Vostre Grandeur, je
n'ay point encores fait sçavoir a Vostre Grandeur que M. Berenger ne
veut pas cinquante pistolles de sa jument et qu'il en demande cent. Le
seigneur Julle qui a pense mourir d'une heresipelle qui luy estoit venue
a une jambe et où il y avait commencement de gangrene, luy a permis de
mettre ses chevaulx en vostre petite escurie, où il pensoit les mieux vendre; mais il trouve aussy peu de marchans qu'il faisoit a sa bastide.

Vos chiens et vos gazelles se portent tres bien. Mais le fondz que l'on
avoit fait pour leur nourriture a manqué aussy bien que celuy de la nourriture et entretenement des pages, et ne leur veut-on point faire de credit

1. Lacune.

ny d'advances. J'en ay respondu pour ung moys, et seront incontinent en la mesme peine pour ce qui est de vostre escurie.

L'accommodement auquel j'ay cy-devant mandé a Vostre Grandeur que Mons. le Président Mosnyer travailloit, de Mess. les Consulz de cette ville avec ceux de l'autre party, n'a pas reussy, car apres y avoir bien pris de sa peine et Mons. le lieutenant Bausset aussy, qui en avoit esté le premier autheur, lesditz Consulz luy ont dit qu'ilz estoient gouverneurs de la ville et qu'ilz se sçauroient fort bien acquitter de leurs charges, sans qu'ilz eussent besoing de tuteurs, car l'on vouloit, pour assister a leurs conseilz et bureaux, outre ceux qui en sont, leur donner encores huit des principaulx de l'autre party qui y seroient appellez, et encores nommer quatre autres personnes neutres et indifferentes, pour en cas de contrarieté en leurs deliberations, les mettre d'accord. Apres en avoir bien parlé et contesté, le premier Consul prit la parolle et repetant ce que dessus, y adiousta qu'ilz avoient du bled et qu'ils n'avoient que faire de personne, que si ces Mess. leurs Conseillers vouloient estre informez des affaires, qu'ilz les leur communiqueroient toutes fois et quantes [1]. . . . . . caché, qu'ilz leur avoient offert cela dez le commancement et qu'ilz leur offroient encore maintenant. Il ne s'en parle plus, et s'en est allé, Mons. le lieutenant Bausset a Salon, où Mons. Mosnyer le suyvra de prez. Nous avons tousiours force Conseillers du Parlement en cette ville. Et y sont a present Mess. de Flotte, de Coulongue, de Touron et de Vaubelle, et la sepmaine passée y estoient Mess. de Gueyrin, de Ballon et d'Antelme et d'autres encores auparavant. Pour des Mess. des comptes, nous n'y en avons point eu. C'est, Monseigneur, tout ce que peut mander pour maintenant à Vostre Grandeur,

Vostre tres humble, tres obéissant et tres fidele serviteur

BOURDALOÜE.

A Marseille, le iiiie Fév. 1630.

[Au dos] :   A Monseigneur [2].

LETTRE V

Antoine de Bourbon au duc de Guise, amiral du Levant.

(Marseille, 9 février 1630.)

Monseigneur,

Vostre Grandeur verra par tous les pacquetz qu'elle recevra de ma part par cette voye, que nous manquons de commoditez d'escrire si souvent que nous pourrions le desirer. Il ne s'en est présenté aucune, depuis que

---

1. Lacune.
2. Autographe. Bibl. nat., f. fr. 20559, fol. 159 sqq.

Monsieur le Chevalier de Boissize pensoit partir. L'ordinaire de la poste
ne va plus, et celuy des marchans qui ne part que deux foys le moys, manque la plus part du temps, si bien que si vous n'avez plus souvent de noz
nouvelles sur ce qui se passe dedecà, ce n'est pas notre faulte. J'estois
principallement en peine de ne vous pouvoir faire scavoir ce qui estoit de
l'affaire de Chaban Raix que l'on a a la fin fait mourir, et condamné les
huit Turgz qui estoient avec luy aux gallaires[1]. Par des lettres que m'a
apportées l'homme de Monsieur Sanguyn, j'ay veu que vous aviez receu,
dez le XVᵉ ou XVIᵉ du moys passé, le pacquet par lequel je vous donnois
advis de son emprisonnement, et si l'on en eust fait escrire par le Roy dès
ce temps-là, les lettres seroient arrivées plus qu'a temps, car ce ne fut que
mercredy dernier qu'il fut executé. L'absence de Vostre Grandeur Luy a
causé cela.

Monsʳ Guyn, présent porteur, avoit pensé s'acommoder avec Monsʳ le
Conseiller d'Albert par le moyen de Monsʳ le premier Président et de
Monsieur le lieutenant Bausset, mais tout a esté rompu, et ainsi qu'il
alloit a Salon pour finir l'affaire, l'on luy donna advis de ladite rupture,
et ordre de rebrosser chemin, ce qui l'a fait resoudre d'aller à la Court,
plus tost que de demeurer enfermé comme il fault qu'il face a cause des
adjournementz personnels et prises de corps que la Court de Parlement a
decerné contre luy. Ce sera ung subject a Vostre Grandeur de faire veoir
au Roy et a Messieurs de son Conseil, ce qui est du procédé dudit Parlement qui maintenant[2] . . . .
. . . .
voyr confesser et advoüer le tort qu'il luy a fait, car ce sera bien certainement qu'il luy en coustera la vye et qu'il en sera fait punition bien solennelle et bien exemplaire. Il s'estoit addressé pour parvenir à ce dernier coup, au frere du Consul de Ligourne, et luy promettoit de luy
faire part de douze mil escuz qu'il sçavoit qui estoient dans ung coffre de
fer au logis de son oncle, et qu'il feroit cest affaire si dextrement et si se-
crettement que jamais l'on n'en descouvriroit rien, qu'il failloit seullement qu'il luy donnast entrée audit Logis et l'y menast avec luy comme
son amy, pour en descouvrir les addresses et l'endroit ou estoit ledit
coffre, et luy ayant ledit Blanc dit qu'il y penseroit et luy en donneroit
response, il en alla parler a sondit frere, pour luy en donner l'advis qui
luy dit qu'il le failloit communiquer à Monsieur le Lieutenant Bausset,
pour scavoir de luy comme quoy il s'y faudroit conduire pour attraper le
personnage.

Ce qu'ayant fait, le conseil dudit sieur Lieutenant feust, qu'il promeist

1. En marge : « On les met sur la *Réalle.* »
2. La fin de la phrase a été supprimée par la reliure.

audit Fatet d'estre de la partie et de tesmoigner de vouloir apporter tout
ce qui dependroit de luy, pour le faire reüssir, et de luy donner et a
sondit frere cependant advis de tout ce qui se feroit et passeroit entre
eulx. De quoy il se seroit si bien acquitté, qu'ayant fait que tous ceux du
logis, excepté quelque vallet et servante, s'en estans allez a la bastide et
ayans laisse le logis comme seul, il en auroit adverty ledit Fatet, pour
faire son execution pendant ce temps-là, a quoy s'estant resolu, ledit Blanc
le feit scavoir a sondit frere, pour le dire audit s^r Lieutenant qui fut
d'advis de laisser achever l'affaire, et, pour prendre le larron sur le fait,
de faire entrer dans la maison sur l'entrée de la nuit le Cappitaine du
quartier avec quelques soldatz ; si bien qu'ayant cest honneste homme
deffait par dehors les barreaux d'une fenestre, estant entré par ycelle dans
une salle ayant ouvert la porte de ladite salle, celle d'une chambre et encores celle du cabinet où estoit ledit coffre a l'argent, avec ung engin que
l'on appelle cry, dont se servent les carrossiers et rouliers, il ouvrit en
ung instant ledit coffre et là-dessus ledit Cappitaine et soldatz se descou-
vrirent et le saysirent avec son compagnon; s'il y a d'autres complices, ilz
les deceleront.

L'on me vient de dire que des quatre espalliers de vostre gallaire que je
vous ay mandé par mes dernieres, qui s'estoient sauvez, il y en a deux qui
ont este arrestez a la Manon, entre Salon et Senas, et que c'est Monsieur
le premier President qui l'a mandé a Monsieur de La Marthe. Selon cest
envoyé, après sans doubte, l'on les auroit tous pris[1].

Ne venant point de bled du Bastion, pour en donner pour la nourriture
de la chiourme de votre gallaire, il a fallu en acheter, qui couste sept flo-
rins pour charge plus que celuy dudit Bastion, et s'il failloit que cela du-
rast longtemps il en cousterait bon. Nous n'avons nulles nouvelles dudit
Bastion et ne fault pas vous dire si nous en sommes en peine.

Le travail de l'apprest de voz vaisseaux continue tousiours et s'y trouve
bien plus de besongne et de despense que l'on ne s'estoit pas imaginé.
Monsieur de Belon le jeune dit que la *Sainte-Marie* se trouve en fort
mauvais estat, pour ce qui est des œuvres mortes, jusques a dire que tout
n'en vault rien, et que si l'on commance une fois a y voulcir changer ce
qui y est de pourry et de gasté, qu'il faudra tout refaire. J'y ai mené Monsieur Gleyse qui s'y congnoist, qui en parle tout de mesme, et que ce qui
est de la *Notre-Dame* et de la *Sallamandre* ne vault guiere mieux. De
facon que si voz affaires vous permettoient de vous en deffaire a Venise, que
ce ne seroit pas mal fait. Mais moy qui sçay que Vostre Grandeur n'a nulle
intention d'en venir a cela, je ne lui en dit mot, et me contente de luy

---

1. *Note marginale :* Cest advis s'est trouvé faulx et sont lesditz quatre espal-
lierz tous sauvez jusques icy.

faire sçavoir l'advis et opinion des autres, pour en user ainsi que bon luy semblera. C'est bien la verité que ce que l'on fait faire maintenant ausdits vaisseaux les tiendra bien en estat une couple d'ans; mais, après cela, il[1]

. . . .

est du Bastion moyennant douze cens mil livres et qu'on facilite l'affaire en vostre faveur de la charge de Grand Chambellan, et qu'on vous laisse le choix de ce gouvernement sans ladite Admiraulté ou de celuy de Champagne, et que si Vostre Grandeur revient dedeçà, ce n'est que pour servir de couverture a l'affaire et pour attendre que Monsieur le Cardinal soit de retour de l'armée, pour mettre le traitté a execution. Pourveu que Vostre Grandeur ayt son compte, c'est le principal et se fault moquer de tous ces bruitz et de tous ceux qui prennent tant de plaisir de les semer et publier.

C'est, Monseigneur, tout ce que jen puis dire pour cette heure a Vostre Grandeur, estant,

Monseigneur,

Vostre tres humble tres obeissant et tres fidele serviteur

BOURDALOÜE.

A Marseille, ce IVe fevr.

[Au dos] :   A Monseigneur.
Deux cachets de cire verte[2].

LETTRE VI

Antoine de Bourdaloue au duc de Guise, amiral du Levant.

(Marseille, 22 février 1630.)

Monseigneur,

Cette lettre sera pour donner advis que la persecution que j'ay mandé a Vostre Grandeur par mon neveu de La Creuzée[3], que Messrs du Parlement faisoient a Madamoyselle Sanson, dure tousiours, ayant encores deux sergens en sa maison pour la garder. L'on avait eslargy le sieur Suffin; mais l'on la voulu refermer, bien que je vous puisse jurer sur ma conscience qu'il n'y a nulle prise sur luy n'y sur pas ung des autres prisonniers. Sur l'advis qu'il a eu de ce traittement, il s'est caché et ne se trouve pas; de quoy Mons. le President Mosnyer est au desespoir et menasse de le ruyner, en ce qui est de ses biens. S'il ne se haste de le faire prendre, il se trouvera court, car la contagion qui fait quitter la

------

1. Lacune.
2. Autographe. Bibl. nat., f. fr. 20559, fol. 165 *sqq.*
3. Pierre de Bourdaloue l'aîné, seigneur de La Creusée (ou La Crouze), avait été lieutenant des gardes du duc de Guise, durant la guerre de Champagne. Il mourut en 1650; ou bien son cadet, nommé aussi Pierre.

ville a tout le monde, le chassera au premier jour aussy bien que les autres. Je party demain, pour aller mener ce qui reste icy de vostre train et de vostre escurie, avec voz hardes, a Lambesq, et si je puis apprendre le temps que Vostre Grandeur arrivera, je l'yray attendre a Argan, pour l'informer de vive voix de tout ce qui se passe. Vostre gallaire partira aussy deuant, pour aller a Toulon, ou l'on la mene d'autant plus volontiers que l'on estime qu'elle y aura plus d'employ qu'elle n'en a icy. Vos gallions s'y en vont aussy et pourront partir dans troys ou quatre jours, si tant est que *Notre-Dame* qui ne fait que de parachever son radoub, en soit en estat, ce que son Cappitaine promet bien quy sera. Il n'a point tenu a de l'argent qu'ilz n'ayent fait davantage de diligence, car il ne leur a point manqué. Ça esté ung grand malheur de ce que l'on en a si peu apporté a l'affaire de Chaban Raix, car avant que son arrest d'eslargissement feust scellé, il estoit condamné. J'ay peur que le don que Vostre Grandeur dit qu'elle apportera de son argent et de son équippage n'arrive aussy tard, au moings pour l'argent, car il a esté porté a Salon par son Commissionnaire et sans doubte l'arbitrage de la Court y aura operé. Vous verrez par une lettre que je vous envoye de Mons. Burgues, comme quoy il m'en parle, et d'une prise qui a este faitte sur ung corsaire de Salez. Il est necessaire de toutes façons que Votre Grandeur s'en revienne; mais il fault, s'il luy plaist, que ce soit pour y vivre d'autre façon qu'elle n'a fait.

Je luy envoye une lettre que m'a escrit Mons. de Montmeyan sur le subject de l'assemblée des Comtez qui luy apprendra bien particulierement tout ce qui s'y est passé. Mons. de la Barben y a fort tenu le dé et passe maintenant pour homme de faveur. Et, s'il ne l'est, au moings veut-il bien l'estre creu. L'on croit que Mons. Gazille soit allé a la Court avec mon neveu[1], et cela a esté cause que l'on ne l'a point fait cercher. Demain, il commancera a se monstrer et ne craindra pas que l'on l'emmène à Salon, la contagion luy servant de bouclier pour cela. Si Vostre Grandeur apporte quelques choses pour l'aneantissement ou surcroy de cette procedure, cela confirmera fort ce que nous publions de son credit et authorite; pour l'agrandissement et augmentation de laquelle je prie sans cesse la divinité comme,

Monseigneur,

Vostre tres humble tres obeissant et tres fidele serviteur,

BOURDALOÜE.

A Marseille, ce XIIe fevrier.

[P. S.] — Monsieur le President Mesmes vient de partir pour s'en aller a Salon, mais il n'a pas fait eslargir les prisonniers. Les sergens ne quittent le logis de madamoiselle de Sanson; les clefz de son logis sont

---

1. Pierre de Bourdaloue, dit de La Creusée?

pourtant tousiours a Salon entre les mains de Mons. Ballon, qui les apporta avec luy mardi dernier.

[Au dos] :   A Monseigneur[1].

LETTRE VII
Antoine de Bourdaloue à la duchesse de Guise[2].
(Marseille, 24 mars 1631.)

Madame,

Il n'y a que quatre jours que nous avons escrit a Vostre Grandeur par ung courrier qui s'en alloit trouver le Roy de la part de Monsieur de Sabran, agent pour Sa Majesté a Gennes, et n'est rien arrivé du depuis que la venue de Monsieur le Prince[3] a Aix, ou il est depuis mercredy au soir, sans que rien y ayt encores esclatté. Nous croyons qu'il se contentera de faire faire des informations contre ceux qui se trouveront les plus criminelz, pour les porter au Roy, et après cela leur lairra garnison et s'en ira en establir d'autres a Toulon, Draguignan, Grasse et Antibes, où il a ordre de mettre ès Regimens de Champagne et Normandie avec les compagnies de chevaulx legers de Mons. de La Trimouille et de Chambres, et, pour le Regiment de Saucourt[4], il demeurera audit Aix par où mondit sieur le Prince retournera passer, quand il s'en voudra aller et nous quitter, qui pourra estre dans huit ou tant de jours.

Il arriva, avant-hier, une barque du Bastion, par laquelle l'on mande a Mons. Sanson que l'affaire de Cap Nègre luy est accordée et qu'il y avoit ung Bey de Thunys qui estoit allé audit Bastion, pour luy en porter les expeditions. J'ay opinion que si ledit Bey y voudra avoir part et ne m'en suis encores peu esclaircir avec ledit sieur Sanson, parce qu'au mesme temps de l'arrivée de ladite barque, il partit pour aller a Aix, où il est encores. Il continüe en sa resolution de vouloir aller trouver le Roy. Nous l'arresterons pourtant jusques au retourt de Mons. d'Orfeuille qui ne peut plus guieres tarder.

Vostre Grandeur scaura du sieur Harpin la disposition de Monseigneur

---

1. Autographe. Bibl. nat., f. fr. 20559, fol. 169 *sqq.*
Deux cachets de cire verte, aux armes des Bourdaloue, qui sont : d'azur au lion d'or couronné, et regardant un soleil de même *au canton dextre du chef.*
2. L'amiral de Guise avait épousé Henriette-Catherine, duchesse de Joyeuse, fille du fameux capucin Ange de Joyeuse,

    Qui prit, quitta, reprit la cuirasse et la haire,

et veuve de Henri de Bourbon, duc de Montpensier. Elle mourut à Paris, le 25 février 1656, dans sa soixante-douzième année.
3. Le prince Henri II de Bourbon-Condé, père du grand Condé.
4. Soyecourt, *dit* Saucourt.

et comme il est tousiours mieux dans la Province et particulierement en cette ville, ou les predications et les promenades journalieres que le beau temps le convie de faire sur sa gallaire, l'empeschement de s'ennuyer, aussy bien que le grand nombre de noblesse qui se tient pres sa personne et les ungs n'en sont pas si tost partiz qu'il y en revient d'autres.

Il receut, avant-hier, ung pacquet de Vostre Grandeur du VII° de ce moys, qu'il eust bien voulu estre de plus recente datte, y ayant des marchans qui ont des nouvelles de la Court du XII°. Cela ne provient que de la faulte de ceux a qui l'on addresse les pacquetz qui ne se servent que des voyes ordinaires pour les faire tenir. Qui sera tout ce que je diray, pour cette heure, a Vostre Grandeur, apres avoir prié Dieu,

Madame,

Qu'Il luy donne en parfaitte santé tres heureuse et tres longue vie,

A Marseille, le XXIIII° mars, 1631.

[Bourdaloüe.]

[P. S.] — Depuis ma lettre achevée, ledit sieur Sanson est revenu d'Aix qui m'a dit qu'il s'en alloit escrire a Vostre Grandeur a laquelle j'envoyeray, par la premiere commodité, sa ratification de vostre association, avec l'adjonction du Cole et Store (?) qui nous seront commungs, après Pasques, qui n'est pas ung mauvais affaire.

[Au dos] :   A Madame[1].

LETTRE VIII

Sanson Napollon[2] à Antoine Bourdaloue.

(Bastion de France, 11 juillet 1632.)

Monsieur,

J'ay receu la lettre que vous m'avez escrite par le *Dragon*, et veu par icelle la continuation de vostre sejour en Avignon. Et, combien que vous soyez en une bonne ville, la relegation est fascheuse pour estre sans subject, et si tous les hommes de bien de vostre sorte sont traittez de la façon l'exemple est tres mauvais, et, s'il plaist à Dieu, sa justice fera son cours ordisnaire. Pour les affaires du Bastion, elles sont en bon estat. La recolte

1. Autographe. Bibl. nat., f. fr. 20559, fol. 173 *sqq.*
Deux cachets de cire rouge avec soie verte, aux armes des Bourdaloue.
2. Sanson ou Samson Napollon, dont il est souvent question en cette correspondance, joua un rôle important dans l'histoire des relations de la France avec Alger, comme gouverneur du Bastion de France. Il s'appelait, de son vrai nom, Giudicelli. En 1628, il avait rétabli les rapports toujours tendus entre les riverains des côtes opposées de la Méditerranée, et obtenu, de l'Invincible Milice, la reconnaissance de nos droits. Voir Plantet, *op. cit.*, t. I, p. xxxi, et *passim ;* — Alfred Spont, *les Français à Tunis de 1600 à 1789*, dans la *Revue des questions historiques*, 1er janvier 1900, p. 92-93.

du bled est assez abondante. L'affaire de Cap Nègre va bien. Il y a vingt de nos personnes qui y demeurent et travaillent. Nous avons rencontré beaucoup de traverses. Ils n'ont peu nous nuire. Nous sommes en guerre avec chevalier Venturat. Il s'est trouvé trompé. Ses gens n'ont pas voulu rompre avec le Bastion. La difference estoit qu'il m'a trop importuné de luy donner d'argent beaucoup plus de nostre accord et de la raison. MM. d'Alger m'ont envoyé le caïd de Bones, pour me dire qu'ilz prennent la protection du Bastion et veulent ruiner Venturat. Je lui ay repondu que j'estois assez fort pour le perdre, et le feroy s'il ne se range a la raison, les Corsaires d'Alger rencontrerent cappitaine Feynix[1] avec son vaisseau qui avoit chargé, au Colle[2] des cuirs au nombre de quinze mil. Il fut conduit en Alger, et a este relaxé moyennant quelque despence. Il a este resolu, dans le Divan, de conserver le Bastion et son negoce. Je suis prest a partir sur le *Dragon*, pour aller a la Galite[3]. A mon retour, je vous donneray advis du succez de mon voyage. Je crois que M. Gazille n'oubliera pas le remboursement de ce que vous avez avancé à la Compagnie. J'espere qu'il ne tardera pas d'avoir de quoy satisffaire a tous. Pour moy, je fais tout mon possible et ne puis faire davantage. Le peu de debit des marchandises me caucent de grandz interests. Le temps est mauvais de tous costez. Cette année le mauvais temps empesche la pesche du corail. La maladie de fievres commance icy et en avons desja quarente de malades. Ce n'est pas par manquement de vivres, ni de vin, car, Dieu mercy, nous avons bonne provision. M. de Bandor a séjourné icy quelque temps; mais maintenant il s'en retourne. Je l'ay contenté le mieux que j'ay peu. Si Sa Grandeur continue de me faire des lettres, de semblables recommandations me seront fascheuses. Je n'ay pas besoing icy d'y estre importuné. Je prie Dieu qu'il remette les affaires en l'estat que nous desirons, a cette fin de pouvoir jouir du repos, ce qu'attendant je demeure,

Monsieur,

Vostre tres humble et tres affectionné serviteur,

Sanson Napollon.

Au Bastion, le ungzième juillet, 1632.

[Au dos :] A Monsieur, Monsieur de Bourdaloüe, conᵉʳ Intendant de la Maison et affes de Monseigneur le Duc de Guyse, à Auignon[4].

---

1. Le capitaine Fenix, agent de la Compagnie du Bastion de France.

2. Le Colle ou Collo était un comptoir des Concessions d'Afrique, ainsi que Bône.

3. L'île de la Galite.

4. Autographe. Bibl. nat., f. fr. 20559, fol. 187 *sqq.* — Suit une autre lettre du même à la duchesse de Guise, datée du même jour.— Nous bornons là nos extraits de la Correspondance du duc de Guise. A la dépouiller avec plus de

LETTRE IX

Peiresc[1] *à Antoine de Bourdaloue.*

(Aix, 20 janvier 1637.)

NOTICE

Intendant de l'amiral duc de Guise, gouverneur de Provence, Antoine de Bourdaloue n'avait pas pu séjourner à Aix, capitale de la province et siège du gouvernement, sans y faire la connaissance du célèbre collectionneur aixois, remis en honneur de nos jours par Philippe Tamizey de Larroque[2]. Il existe une lettre à lui adressée par Nicolas-Claude Fabri de Peiresc, conseiller au Parlement d'Aix. En outre, dans plus d'une autre lettre, le grand amateur d'antiquités mentionne avec reconnaissance le nom de « M. de Bourdaloue ». L'intendant de l'amiral duc de Guise avait, en effet, rendu au magistrat provençal un de ces services que celui-ci n'oubliait guère.

Un capucin, ancien missionnaire au Levant, le P. Gilles de Loches, se trouvait leur naturel intermédiaire. Ce religieux avait inauguré une mission de son ordre à Saïd, en 1626 et une autre au Caire en 1631. Deux ans après, il rentrait en France. Il ne manqua pas, à son retour, d'aller visiter Peiresc à qui naguère il avait offert d'acheter « des livres Egyptiens, Æthiopiens, Arméniens, sans compter

détail, on gagnerait de glaner çà et là quelque mention de M. de Bourdaloue, par exemple, fol. 21, Paulmier au duc de Guise, Marseille, 31 déc. 1616 : « Par une lettre de M. Bourdaloue (*sic*, sans *de*) que M. De Vires m'envoya il y a six jours... »

1. Nicolas-Claude Fabri de Peiresc naquit au château de Beaugencier, le 1er décembre 1580, et mourut à Aix le 24 juin 1637. Un bon juge, M. Léopold Delisle, a proclamé cet érudit « un des plus nobles caractères qui aient illustré l'ancienne magistrature, un des esprits les plus cultivés et les plus avides de toute connaissance », et encore : « un homme qui a bien mérité des sciences, des lettres et des arts, et dont le nom mérite d'être vénéré et glorifié au dix-neuvième siècle, comme il le fut dans toute l'Europe au temps de Henri IV et de Louis XIII. » *Un Grand amateur français au dix-septième siècle, Fabri de Peiresc*, par Léopold Delisle. Toulouse, Privat, 1889, in-8, p. 5.

2. Nous ne pouvons rappeler ici les innombrables travaux de notre cher et regretté correspondant Ph. Tamizey de Larroque sur Peiresc. Rappelons seulement les *Lettres de Peiresc*, 7 vol. in-4, dans la *Collection des documents inédits de l'Histoire de France* ; — les *Correspondants de Peiresc*, 21 vol. ; — *Petits Mémoires inédits de Peiresc*, 1 vol., etc. Voir, pour plus amples détails, notre étude intitulée : *Un Maître de l'érudition française. Philippe Tamizey de Larroque (1828-1898)*. Paris, 1898, in-8.

les Arabes et Turcz[1] ». C'était le 25 juillet 1633. Leur conversation
fut très savante. « Ledict P. Gilles dict qu'auprès des Abyssins y a
des peuples nommés Galli, rebelles d'ancienneté contre l'empereur des
Abyssins, qui portent les cheveux cordonnez et retournez sur la teste
comme les femmes sans autre chapeau, et se disent issus des Gau-
lois et croient que les François, leurs parents, les viendront un jour
reduire à l'obéissance des Abyssins, pour, toutz ensemble, ruiner le
Turc[2]. »

L'estime conçue par Peiresc pour le P. Gilles fut telle que le conseiller au parlement de Provence essaya de faire créer au savant
capucin une situation indépendante. Mais, à peine revenu dans sa
province, ce religieux fut appliqué à la prédication et placé succes-
sivement à la tête des couvents de Romorantin et de Bourges.

Le château de La Noue, résidence d'Antoine de Bourdaloue, était
proche de Vierzon. Le Père Gilles, gardien des capucins de Bourges,
et l'ex-intendant de l'amiral de Guise avaient tous deux connu
Peiresc[3]. Celui-ci, dans ses lettres au religieux, rappela plus d'une
fois le souvenir de leurs relations :

« Quand vous verrez M. de Bourdaloue, écrit-il au P. Gilles, je
vous prie de le salluer de ma part, et l'asseurer de la continuation
de mes vœux à son service et à ses contentements, que je lui sou-
haicte les plus grands qu'il ne les sçauroit désirer[4]... »

Un mois plus tard, l'infatigable épistolier revient à ses compli-
ments d'amitié et nous livre le secret de cette grande sympathie qu'il
conservait à Antoine de Bourdaloue. Il en avait reçu jadis des antiquités :

« Je vous remercie encores plus, écrivait Peiresc au capucin Gilles
de Loches, le 16 décembre, de mes très humbles saluts à M. de
Bourdaloue, à qui je seray serviteur très humble toute ma vie, et

---

1. Gilles de Loches à Peiresc, 3 sept. 1631. *Correspondance de Peiresc avec
plusieurs missionnaires et religieux de l'ordre des capucins* (*1631-1637*), re-
cueillie et publiée par le P. Apollinaire, de Valence, religieux du même ordre,
et précédée d'une lettre-préface, par Ph. Tamizey de Larroque, Paris, Picard,
1892, in-8.

2. *Ibid.*, p. 330.

3. Antoine de Bourdaloue, ce fidèle serviteur de l'amiral duc de Guise, ne
pouvait manquer d'avoir pour amis les amis de son maître. Sur les relations
de l'amiral duc de Guise avec Peiresc, voir *les Lettres de Peiresc aux frères
Dupuy*, t. I, p. 99, et *passim*, puis le t. V, p. 44, *passim*, et les suivants.

4. Peiresc à Gilles de Loches. Aix, 4 nov. 1636. *Ibid.*, p. 275.

trez obligé à sa courtoisie et à la participation de ces curiositez, et particulièrement des antiques trouvées à Vierson (*sic* pour *Vierçon*) *vingt ans y a*, d'un plein muy, dont il me fit avoir bonne part. Et voudrois bien m'en pouvoir estre revanché à souhaict et selon mes obligations [1]. »

Que sont devenus ces trésors? Un plein tonneau d'objets sans doute gallo-romains expédié du pays des Bituriges à Aix, la vieille cité provençale! Je me contente de poser la question aux Sociétés savantes de Bourges, et j'arrive à la lettre de Peiresc au châtelain de La Noue.

LETTRE

Monsieur, je n'avois pas merité l'honneur de vostre souvenir et de vostre si bonne part en l'honneur de vos bonnes graces que celle qu'il vous plaist me tesmoigner par vostre lettre, dont je vous remercie le plus humblement et affectueusement que je puis, et voudrois bien m'en pouvoir rendre digne par mes services; mais Dieu sçait si nous serons jamais assez heureux pour en rencontrer des occasions à souhaict. Bien voudrois vous avoir encore une obligation bien insigne, si vostre entremise pouvoit operer que nous eussions icy le R. P. Gilles de Loches pour quelque temps, pour avoir moyen de le gouverner un peu et de nous prevalloir des grandes notices qu'il a des langues orientales pour l'interpretation de certains livres de grand'importance de l'Histoire Saincte, qu'on ne sçauroit esperer que de sa main, et qu'il ne se resoudroit pas facilement d'entreprendre sans une sollicitation comme la nostre, et le secours d'autres livres que nous luy pourrions fournir mieux qu'ailleurs. Je vous supplie d'y agir et nous mander quelles voyes nous pourrions tenir pour en venir à bout. Car ceux de ceste province le recevront bien facilement parmy eux, et s'en tiendroient bien honorez et bien heureux. Ce ne sera que pour autant de temps qu'il luy plaira, non plus. Et je vous serviray en revanche, comme, Monsieur, vostre, etc.

DE PEIRESC [2].

A Aix, ce 20 janvier 1637.

1. Peiresc à Gilles de Loches. Aix, 16 déc. 1636. *Correspondance de Peiresc avec plusieurs missionnaires*, p. 280.— Le P. Apollinaire, récemment perdu pour l'histoire de son Ordre à laquelle il avait contribué par tant de savantes publications († 17 oct. 1899), a donné, à la suite de ces lettres, une série de notices où nous avons puisé les détails concernant le P. Gilles de Loches que, sans lui, nous n'aurions guère pu découvrir. Ils se trouvent maintenant complétés par ceux que nous avons ajoutés sur Antoine de Bourdaloue, correspondant de Peiresc. Le personnage n'avait pas encore été identifié.

2. *Ibid.*, p. 306.

Le même jour, Peiresc écrivait au P. Gilles de Loches, son correspondant habituel.

« Monsieur mon R. P., j'ay receu, par le dernier ordinaire de Lyon,
vos deux lettres du 29 decembre et 3 janvier soubs l'enveloppe de M. du
Lieu, où j'ay esté bien ayse d'apprendre vostre heureux retour de la
predication de l'advent. J'ay, par mesme moyen, *receu celle que vous y
avez joincte du sieur de Bourdaloüe*, dont je n'ay pas merité le souvenir,
et voudrois bien avoir moyen de m'en rendre plus digne cy aprez en le
servant selon mes vœux et mes souhaicts [1]. »

Cette lettre d'Antoine de Bourdaloue se trouve encore parmi les
manuscrits de Peiresc à la Bibliothèque de Carpentras, où le
P. Roy, de Lyon, nous a assuré avoir vu, il y a plusieurs années,
une lettre signée : Bourdaloue. Si de nouvelles recherches pouvaient
la faire reparaître, elle compléterait ce petit chapitre de l'esquisse
d'une correspondance, à moins que par une bonne fortune presque
inespérée, ce ne soit une lettre du grand prédicateur lui-même.

1. *Correspondance de Peiresc avec plusieurs missionnaires*, p. 307.

LE POÈTE DUCIS, PETIT-NEVEU DE BOURDALOUE

En examinant un jour le tome Iᵉʳ d'un exemplaire dépareillé de la méchante édition intitulée : « *Sermons du père Bourdaloue, de la Compagnie de Jésus, povr les Dimanches*. Anvers, Aux depens de la Compagnie, M DCC XXXIV. Avec approbation », je tombai sur cette note crayonnée au verso du premier feuillet de garde :

Ducis, dans son testament, conjure sa femme de lire souvent cet admirable prédicateur, trésor de toute la doctrine chrétienne, théologie entière du simple chrétien de tous les climats et de tous les siècles; il la conjure de le prendre pour son guide et son ange dans le chemin du salut. — *Il était petit-neveu de Bourdaloue, par sa première femme Marie-Thérèse Huillard,* morte à 29 ans de la poitrine, ainsi que ses 4 enfants.

Ce renseignement ne me parut point banal. Il valait la peine d'être vérifié. Son air de précision dissimulait-il mal une légende ? Je recourus aux premières biographies connues de Jean-François Ducis, l'auteur d'*Œdipe chez Admète*, d'*Œdipe à Colone*, du *Roi Lear*, d'*Othello* et de tant d'autres adaptations du théâtre antique ou étranger sur la scène française.

Je consultai d'abord les *Essais de mémoires ou Lettres sur la vie, le caractère, et les écrits de J.-F. Ducis, adressées à M. Odogharty de La Tour*, par M. Campenon, de l'Académie française. Paris, Nepveu, 1824, in-8. J'y lus ce passage, conclusion d'une vigoureuse tirade où le biographe défend son héros d'avoir été révolutionnaire après 1787, c'est-à-dire du moment qu'il y eut une révolution :

Vous, qui vous montrez encore aujourd'hui les apologistes passionnés de cette. même révolution, voulez-vous savoir comment il la qualifioit dans une circonstance où l'on ne peut vouloir tromper ni les hommes dont on se sépare pour jamais, ni le Dieu devant qui l'on se dispose à paroître ? Le 15 avril 1813, M. Ducis fit son testament : parmi les différents témoignages de souvenir qu'il y donne à ses parents et à ses amis, il lègue à une personne qu'il affectionnoit, et qui mourut avant lui, quoiqu'il dût s'attendre à la précéder dans la tombe, *la dernière édition complète des Sermons de Bourdaloue qu'on a*, dit-il, *réimprimés bien à propos, après que la plus funeste des révolutions a couvert, chez nous, l'État et l'Église de ruines et de sang.* (P. 53.)

Une première note au bas de la page ajoutait que « ce testament est déposé dans l'étude de M. Brian, notaire, à Versailles ».

Ce passage prouvait combien Ducis aimait peu une révolution à laquelle Versailles, sa ville natale, la ville où il avait toujours vécu et où il devait mourir, avait perdu plus qu'aucune ville de France ; mais il était muet sur sa parenté avec Bourdaloue à un degré quelconque.

Une deuxième note, reléguée à la fin du volume (p. 424), était heureusement plus explicite : « On voit encore, par ce testament, y lit-on, que M. Ducis, *par sa première femme, étoit petit-neveu de Bourdaloue.* »

Mais ce ne sont pas ces quelques lignes assez vagues qui avaient pu renseigner l'annotateur si bien informé du bouquin édité à Anvers.

Rien qui éclaircisse le problème dans les *Œuvres posthumes de J.-F. Ducis précédées d'une Notice sur sa vie et ses écrits*, par M. Campenon, de l'Académie française. Paris, 1826, in-8. On y rencontre seulement quelques jolis vers sur l'amour conjugal, intitulés *le Coin du feu* (p. 236). Ils semblent d'une inspiration vécue.

On perd moins son temps à lire les *Études sur la personne et les écrits de J.-F. Ducis*, par Onésime Leroy. 3ᵉ édit. Paris, 1836, in-8. Le chapitre IV roule tout entier sur la « tendresse conjugale et paternelle » de l'homme simple et bon, parfait époux, père excellent, que fut ce poète chrétien.

Laissons ces éloges. Nous ne cherchons que des indications biographiques. La même page nous en fournit et des plus tristes pour celui qui eut à porter ces épreuves redoublées :

Une épouse qu'il adorait, meurt; deux filles qu'il en avait eues, deux filles charmantes et tout son espoir, succombent à la maladie de leur mère; l'époux, le père inconsolable, n'a que des larmes; n'attendons point de vers. .

Dans l'isolement où il se trouvait, après tant de pertes douloureuses, ses amis le pressèrent longtemps de se donner une nouvelle compagne qui partageât sa solitude. Ce ne fut que dans sa vieillesse qu'il choisit pour épouse une dame d'un âge assorti au sien, la respectable Mme Peyre, à qui il a adressé de jolis vers, et dont il parle souvent dans ses lettres, mais surtout dans son testament avec un touchant intérêt...

C'est évidemment à cette seconde femme qu'il a légué son Bourdaloue, édition de Versailles; mais c'est bien, grâce à la première, qu'il se disait petit-neveu du grand orateur par alliance. Cette personne qui le fit entrer dans la descendance collatérale de Bourdaloue se nommait non pas *Marie-Thérèse* Huillard, comme le porte la note manuscrite du Bourdaloue d'Anvers, mais *Claire-Élisabeth* Huillard. C'est ce que nous apprend le texte du testament dont nous citerons seulement le principal passage, celui qui contient le legs en question et mentionne la parenté dont Ducis se montrait justement fier. Nous ne croyons pas qu'il ait encore été publié :

Je laisse et lègue à ma chère femme, Marie-Madeleine Moreau, veuve en premières noces de M. Peyre, controlleur des bâtiments du Roi à Choisy, un des plus célèbres architectes de son temps, dont j'étais l'ami, je lui laisse et lègue une dernière, nouvelle et complette édition des *Œuvres et sermons* de Bourdaloue en [1] volumes qu'on a réimprimée bien à propos après que la plus funeste des révolutions a couvert chez nous l'État et l'Église de ruines et de sang. On ne peut trop répandre par toute la terre ce prédicateur descendu du ciel, *dont j'avais l'honneur d'être petit neveu par ma première femme*. Je conjure ma seconde femme, au nom de notre union conjugale, au nom de 27 années passées ensemble, *de lire souvent* après ma mort *cet admirable prédicateur, trésor de toute la doctrine chrétienne, théologie entière du simple chrétien de tous les climats et de tous les siècles. Je la conjure de le prendre pour son guide et son ange, dans le chemin du salut*, et d'y puiser non seulement les instructions et les affections qui nous rendent la religion si belle et si chère, mais surtout les fermes volontés, les courageuses résolutions qui nous sauvent et rejoignent à jamais dans le sein de Dieu, pour ne plus se quitter, les enfants à leurs pères et les femmes à leurs maris.

Fait à Versailles le Jeudi Saint 15 avril 1813.

C'est bien ce passage du testament que visait notre annotateur anonyme du bouquin d'Anvers, puisqu'il en reproduit des phrases textuelles. Remercions ce mystérieux inconnu de nous avoir conduit de fil en aiguille au document original.

1. Le chiffre manque. L'édition des *Œuvres complètes* de Bourdaloue, dite édition de Versailles, parut en 16 volumes, à Versailles, chez Lebel (1812). C'est encore aujourd'hui la meilleure.

La date de l'enregistrement du testament (Versailles, le 2 avril 1816) nous donne presque celle de la mort de Ducis. Le poète avait rendu son esprit à Dieu le 31 mars. Diverses clauses de cette pièce confirment l'impression générale qui ressort des lettres et des écrits intimes[1] ou publics : le sentiment religieux fut l'âme de cette vie. Ducis était digne de lire et de comprendre, de faire lire et de faire aimer Bourdaloue. Ce n'était point chez ce chrétien convaincu simple affaire de vanité familiale[2].

1. Voir *la Correspondance inédite de J.-F. Ducis avec le prince Louis-Eugène de Wurtemberg (1763-1773)*, publiée en 1899-1900 dans l'*Amateur d'autographes*, de Noël Charavay, numéros de juin et suivants.

2. Nous souhaitons qu'un généalogiste établisse la filiation de Claire-Élisabeth Huillard et nous apprenne comment elle se rattachait à la famille Bourdaloue. Une indication de l'Appendice D pourrait mettre sur la voie des premières recherches, outre celles qu'il conviendrait de faire d'abord à Versailles.

EST-CE ENCORE UN NEVEU DE BOURDALOUE?

« Bourdaloue, curé de ….. (*neveu du célèbre prédicateur*). L. a. s., à Mme …..; détails familiers. »

Telle est la mention d'une lettre autographe aux désignations vraiment trop nébuleuses (curé de?... à Mme?...) qu'on rencontre dans le Catalogue suivant, à la page 111, sous le numéro 854:

Catalogue des livres et autographes composant la bibliothèque de feu M. Fossé-Darcosse, chevalier de la Légion d'honneur, conseiller honoraire de la cour des comptes. Paris, Techener, 1865, in-8. Vente du 18 janvier 1865.

Cet autographe sans date fut adjugé, pour *un franc*, à un amateur nommé Chauveau.

Dans une autre vente d'autographes (nov. 1898), j'ai vu passer une lettre également attribuée à un curé du nom de Bourdaloue, écriture du dix-huitième siècle. Mais à celui-là on ne prêtait aucune parenté.

QU'EST DEVENU LE CRUCIFIX DE BOURDALOUE ?

Je l'ai tenu entre les mains avec émotion et respect en 1880, et je le fis alors photographier, à Amiens, où je faisais partie du collège de la Providence. Cette relique appartenait à une demoiselle Ferrand (nièce de Bourdaloue ?) qui avait entendu parler aussi du chapelet et de la *discipline* du saint religieux, conservés dans sa famille. Il m'a été impossible depuis de retrouver la moindre trace de ces souvenirs. La photographie s'est égarée, le photographe est parti pour le Tonkin, et la nièce de Bourdaloue (m'a-t-on assuré) pour Port-Breton. Je publie ici quelques fragments des lettres que je reçus d'elle il y a vingt ans. Elles contiennent divers renseignements qui permettront peut-être de retrouver, avant le centenaire de 1904, ces trois objets précieux : le crucifix, la discipline et le chapelet du P. Bourdaloue.

EXTRAITS DE LA PREMIÈRE LETTRE DE Mlle FERRAND

Vienne (Isère), le 16 juillet 1880.
Montée des Capucins, 9.

Je reçois aujourd'hui seulement votre si bonne lettre, elle a été me chercher en Afrique, où je ne suis plus depuis dix mois, et ne m'arrive qu'après bien des détours ; cela vous donnera l'explication de ma tardive réponse, retard que je regrette, et que je vous prie de me pardonner en considération de ma bonne volonté.

Je serais mille fois heureuse, mon Père, de pouvoir vous satisfaire pleinement par les renseignements que vous me demandez au sujet du vénéré P. Bourdaloue ; malheureusement, je ne puis vous répondre que ce que j'ai répondu déjà au R. P. Lauras, à propos de sa biographie ; je n'ai, actuellement, comme preuve de notre parenté avec l'éminent jésuite, que la tradition de ma famille : à l'époque où la famille de ma mère était nombreuse autour de moi, j'aurais pu aller aux informations et reconstituer un arbre généalogique qui m'eût grandement éclairée ; mais, indépendamment de mon insouciance d'alors, j'avoue que j'avais tellement été élevée dans la persuasion de cette parenté, que la pensée de la mettre en doute ne m'était jamais venue. J'entendais dire à la maison bien des choses à ce sujet, auxquelles je ne prenais pas garde, je savais que le chapelet, la discipline et le crucifix du saint religieux étaient conservés pieusement dans la famille, que les *deux premiers objets* devaient être entre les mains de parentes éloignées, habitant Moulins si elles vivent encore, et complètement perdues de vue par nous, Mmes Dumoulin, du Bouis et *Euillard* [1], et que le *christ* que l'on me faisait baiser respectueusement, était, depuis 1704, légué de mère en fille comme une précieuse relique. C'est ce christ que ma Mère a toujours porté, qui a reçu son dernier soupir, et qui, depuis ce moment, n'a pas quitté mon cœur ; en 1878, je l'ai envoyé au R. P. Lauras, qui désirait le voir, il m'est revenu depuis, et, s'il vous était agréable de l'avoir en mains, il est bien certainement à votre disposition, mon Révérend Père. Oui, autour de moi l'on parlait de notre parenté avec le P. Bourdaloue comme d'une chose connue et certaine ; je me rappelle encore de bons vieux prêtres, venant à la maison, et me disant gracieusement qu'ils se sentaient presque intimidés de prêcher devant une petite nièce de Bourdaloue. Ce n'était là assurément qu'une plaisanterie mais qui vous expliquera, mon Père, comment je n'ai point songé à m'enquérir d'une chose que je n'entendais contester par personne. Aujourd'hui, hélas ! tout est mort, ceux qui auraient pu m'instruire ne sont plus. Mon oncle, le colonel, est à Lyon, tout près de moi; c'est le frère de ma mère, par conséquent descendant aussi de cette famille de Bourges, à laquelle je regretterai vivement de ne point appartenir, si la tradition est fausse. J'ai déjà bien pensé à l'interroger sur sa généalogie....., si je le puis, je le ferai.

Daignez agréer, mon Révérend Père, l'expression de mon profond respect.

En N. S. votre humble servante,

M. FERRAND.

EXTRAITS DE LA DEUXIÈME LETTRE DE Mlle FERRAND

Vienne, le 21 juillet 1880.

Je vous adresse, par le même courrier, le christ que vous désirez ; j'espère que, malgré les indiscrétions et l'irrégularité du service postal, mon envoi vous parviendra heureusement. Ne vous pressez pas pour me le renvoyer.....

Tel que vous le voyez, le crucifix n'est pas complet : quand, il y a quinze ans, je le reçus de ma mère, il avait encore l'*inri* — les os croisés et la *tête de mort* au bas — les *cœurs* de Jésus et de Marie derrière, à la

---

1. Ne retrouvons-nous pas, sous une orthographe différente et peut-être fautive, cette famille *Huillard*, à laquelle appartenait la première femme de Ducis?

réunion des branches de la croix ; mais, depuis, il a tant voyagé avec moi, il m'a tenu si fidèle compagnie dans mes longues maladies, que, son extrême vieillesse aidant, le christ est resté seul sur la croix.

Voilà, mon Révérend Père, tout ce que je puis actuellement vous donner de renseignements...

J'ai l'honneur d'être

En N. S., Votre humble servante,

M. FERRAND.

P. S. — Je vous prie instamment de vouloir bien m'accuser réception de mon petit envoi.

EXTRAIT DE LA TROISIÈME LETTRE DE Mlle FERRAND

Vienne, le 5 août 1880.

J'ai reçu le matin le crucifix que vous avez bien voulu me renvoyer, et je vous remercie de tout mon cœur.

Ce christ n'a jamais fait partie du chapelet du P. Bourdaloue ; il a toujours été considéré, je le crois, comme son crucifix des premiers vœux. Je pars demain pour Lyon ; si je puis obtenir de nouvelles et plus complètes informations sur notre généalogie, je vous les transmettrai aussitôt.....

J'ai l'honneur d'être en N. S., Votre humble servante,

M. FERRAND,

Chez M. Monier, agent de change, 6, rue de la République, Lyon.

TABLE

FIN

PUBLICATIONS DU P. CHÉROT SUR BOURDALOUE

I. — **Bourdaloue inconnu**. Paris, Retaux, 1898. In-8 de 164 pages, orné d'une héliogravure Dujardin. . . . . (*Épuisé*.)

II. — **Bourdaloue, sa correspondance et ses correspondants**. Paris, Retaux, 1899. In-8 de 251 pages, avec un fac-similé de lettre en héliogravure Dujardin. . . . . 5 fr. »

III. — **Deux nouvelles lettres de Bourdaloue**, publiées et annotées. Paris, Retaux, 1899. In-8 de 31 pages. . . . . 2 fr. »

IV. — **A propos de la disgrâce du cardinal de Bouillon**. Lettre inédite de Bourdaloue au cardinal, suivie de quatre lettres extraites des *Pensées*, avec un fac-similé de lettre en héliogravure Dujardin. Paris, Retaux, 1899. In-8 de 109 pages. . . . . 2 fr. »

V. — **Lettre inédite de Bourdaloue à Mgr Bochart de Saron, évêque de Clermont (5 sept. 1701)**. Paris, Retaux, 1899. In-8 de 70 pages . . . . 2 fr. »

DU MÊME AUTEUR

Étude sur la vie et les œuvres du P. Le Moyne (1602-1671). Paris, Picard, 1887. Un volume in-8, portrait en héliogravure Dujardin. 4 fr. »

Une Lettre inédite du P. Le Moyne à Jean Elzévier, avec fac-similé, Paris, Picard, 1891. . . . . (*Épuisé*)

Une Lettre autographe du P. Le Moyne, retrouvée au Musée de Chaumont. Paris, Picard, 1894. . . . . 0 fr. 50

Saint Louis de Gonzague étudiant. Paris, Desclée, 1891. In-8, orné de nombreuses gravures dans le texte et d'une héliograv. Dujardin. 2 fr. »

La Première Jeunesse de Louis XIV (1649-1653), *d'après la correspondance inédite du P.* Charles Paulin, *son premier confesseur*. Paris, Desclée, 1892. Un vol. in-8 illustré. Broché. . . . . 2 fr. »
Relié . . . . 3 fr. 60

La Conversion d'Augustin Thierry, avec une Lettre du cardinal Perraud, de l'Académie française. Paris, Retaux, 1895. . . . . 1 fr. »

Trois Éducations princières au XVIIe siècle. Le grand Condé; son fils, le duc d'Enghien; son petit-fils, le duc de Bourbon (1630-1684). *Documents originaux*. Paris, Desclée, 1896. 30 gravures. 5 fr. »

Une grande chrétienne au XVIIe siècle. Anne de Caumont, comtesse de Saint-Paul, duchesse de Fronsac (1574-1642), *Fondatrice des Filles Saint-Thomas à Paris* (1626). Paris, 1896 . . . . 2 fr. »

Saint Pierre Fourier de Mattaincourt (1565-1640), *d'après sa correspondance*. Paris, Desclée, 1897. In-8, illustré. . . . . 2 fr. 50
Même ouvrage. In-12, illustré. . . . . 0 fr. 50

Les Filles de Louis XV à Fontevrault. *Lettres inédites du roi et de Mesdames de France*. Paris, Techener, 1899. In-12. . . . . . . 2 fr. »

PUBLICATIONS DU P. GRISELLE SUR BOURDALOUE

I. — **Sermons inédits de Bourdaloue, d'après des recueils contemporains**. (En cours de publication dans *le Prêtre*.)

II. — Divers articles de revue.

www.ingramcontent.com/pod-product-compliance
Lightning Source LLC
Chambersburg PA
CBHW051736090426
42738CB00010B/2275